CB129572

Companheiros de Jornada

nas emoções e razões
dos relacionamentos

Anngela Marcondes Jabor

Companheiros de Jornada

nas emoções e razões
dos relacionamentos

MYSTIC

Copyright © 2004 Anngela Marcondes Jabor

1ª edição - junho/2004

Revisão
Frank de Oliveira
Capa e Projeto Gráfico
Nelson Jonas Ramos de Oliveira

Todos os direitos reservados. Proibida a reprodução total ou parcial, por qualquer meio, inclusive Internet, sem a expressa autorização por escrito da autora.

MYSTIC

Caixa postal 157 - Campinas - SP - CEP 13012-980
mystic@mysticeditora.com.br
www.mysticeditora.com.br

Dedico

Aos *Mestres*, que, amorosamente, me conduzem para os melhores caminhos e me iluminam em todas as minhas escolhas.

Ao *Renato*, filho querido, dócil e amoroso – bênção divina em minha vida.

À *Júlia*, minha sobrinha e afilhada amada – meu anjo de cabelos cacheados e dourados –, que apesar da pouca idade já demonstra a grandeza de seu ser.

Aos meus pais *José (in memorian)* e *Mayse Maria (in memorian)*, que me deram a oportunidade de nascer e, principalmente, de poder cumprir minha missão.

A todas pessoas que das mais variadas formas me ensinaram e continuam me ensinando a viver melhor os meus relacionamentos.

Agradeço

A Deus, pelas bênçãos que me concede diariamente.

Aos amigos que me ensinaram a desistir de seguir a espiritualidade para que pudesse realmente vivenciá-la na prática, a cada dia, a cada instante da minha vida.

Aos que me ensinaram a importância de aprender a esperar e me mostraram que o período de espera é um tempo valioso.

Aos que me deram as lições necessárias para meu devido aprendizado de acordo com meu processo evolutivo.

Aos que, consciente ou inconscientemente, me fizeram enxergar todas as minhas oportunidades, boas ou ruins, necessárias para meu progresso terreno e um degrau a mais na minha escala evolutiva.

A todos que se fazem presentes mesmo estando ausentes.

Aos amigos leitores, que com gestos carinhosos demonstram sempre seus sentimentos por mim e me incentivam a continuar na minha trajetória.

E, principalmente, a você, que começa a fazer parte da minha vida.

"Mais que tudo,
deixa que o amor
oriente a sua vida".

COLOSSENSES 3,14

Índice

Mensagem

[1] Em algum momento de sua vida, você já acordou pensando o que faz aqui na Terra? Em outro momento se viu só e confuso, pois nada que vivenciou até agora lhe trouxe paz? E em outro momento sentiu-se o pior de todos os seres? E em outro, ainda, o ser mais feliz do mundo?

Tranqüilize-se. Isso acontece com todos que de alguma maneira começam a despertar do sono, da inércia e do moderno.

Ser moderno, hoje, representa aviltar seus desejos de felicidade; é ser comum, pois a desigualdade o coloca em situação de rejeição. Ser moderno é estar na moda da gastronomia e do vestuário, é usar light e comprimidos de beleza. Ou ainda é ser zen.

Um dia a mente se cansa, o corpo se entrega e a alma cobra, deixando um grito de dor: Acorda!

Então nos pegamos pensando no amanhecer, no sol, no amor, seja em silêncio, na prece ou na música. E perguntamos: O que está acontecendo comigo?

Até agora os outros eram o sucesso de sua vida: a banda mais famosa, a música das paradas de sucesso, a atriz mais bonita, o ator mais sensual, o refrigerante do momento etc. Mas e você?

Bem, você é o último, aquele que só elege, engrandece e enriquece todo esse sistema. Chegou a hora de mudar, e isso é complicado. Mas alegre-se: você não está sozinho. Estamos juntos nessa viagem, em que o palco do drama é sua mente, a peça desta obra é sua vida, e o ator, o escritor e o espectador é você.

1. Texto extraído da *Agenda Mantras de Kuan Yin - 2003*, Sandra Meirelles, Editora Mystic, 2002.

Como ser feliz?

A felicidade é um estado mental, permanentemente voltado para o amor. Devemos amar a tudo e a todos sem criar obstáculos, sem projetar, sem esperar. Simplesmente amar. Esse amor deve ser universal, ou seja, independente do físico, de condições ou de lugares. Esse amar completamente nos eleva a um estado de felicidade, paz e contemplação, pois estamos em perfeita harmonia e sincronicidade com o Todo.

O que é compaixão?

É entender o grau vibratório em que o outro se encontra. É fazer desaparecer o certo e o errado, o bom e o ruim, o mal e o bem. É aceitar e entender o próximo como ele é. É ser compassivo, mas não impessoal, frio e distante. É possível ser impessoal de forma positiva, vivenciando o momento do outro sem criticar, sem apontar os defeitos, sem recriminar ninguém. Deve-se ver o amor de Deus em todos, pois somos filhos do mesmo Pai.

Como viver bem?

Divide-se em duas etapas:

Ser simples no pensar, no ser, no falar; porém ser dotado de vontade e de poder. Aprender a visualizar o quadro da vida como fato consumado e vitorioso. Agir sem artifícios. Ser simples na vida é apenas deixar fluir a energia cósmica existente, em todos nós. É visualizar seu amanhã, repleto de paz e felicidade.

Ser sempre positivo na vida, praticando a meditação, a visualização e o bom uso da mente. Esperar o melhor da vida e do próximo, tendo sempre a certeza de que um dia será melhor do que o outro.

Como podemos mudar?

Nós nascemos em hora e lugar determinados. Em nosso código genético, está gravado tudo o que somos, nossas experiências, nossas virtudes e nossos defeitos. Temos guardadas em nosso DNA todas as nossas vivências passadas, que adormecem após uma nova reencarnação. Somos feitos para sermos felizes. Nascemos para pôr em prática os dons de Deus, para fazer prosperar sua obra e viver em harmonia.

Pergunta-se, então, por que isso não é regra? Porque escolhemos, mentalmente, o tipo de vida que queremos. Nosso DNA começa a definir nossas escolhas, e, dependendo das mesmas, despertamos nossas vivências passadas, os erros adormecidos, os vícios já esquecidos, semelhante atraindo semelhante, pois essas energias adormecidas precisam ser liberadas. No entanto, é preciso ter o entendimento de que a melhor maneira de trabalhar essas energias é a meditação, e não voltar a praticar as mesmas coisas e pensar da mesma forma.

Temos consciência de que sabemos tudo. O importante é despertar esse conhecimento via meditação, reflexão e equanimidade. Você é quem quer ser. Lembre-se disso!

Esse processo de mudança é difícil?

Toda mudança é deveras difícil, pois requer paciência, amorosidade, integridade e perseverança. É mister entender todo o processo como uma descamação, ou seja, a retirada da pele antiga, criando espaço para o novo.

Como posso ter sucesso nessa mudança?

Vendo-a como se já estivesse bem-sucedida. É possível ainda recorrer ao auxílio de mantras, orações, meditações, visualizações, terapias de auto-ajuda etc. Enfim, devemos aprender e nos conscientizar de que encarnamos na Terra para despertar nossos conhecimentos. Aproveitemos tudo o que pudermos. Amemos da maneira mais incondicional possível. Sejamos flexíveis e deixemos fluir. Entendamos que o universo tudo poderá nos dar. Basta pedirmos e confiarmos. Procuremos não causar desconforto e danos ao próximo. Curtamos só por hoje essa vida que ganhamos do Pai Criador.

Assim que o homem aprender a sair das forças psíquicas, expressar-se diretamente em relação a tudo, pedir sempre o auxílio de Deus, fazer sua parte e acreditar, deixará que Deus se expresse por meio dele e poderá dizer como Jesus dizia: "Não sou eu que faço, e sim o Pai que faz por mim".

A dificuldade é que pedimos ajuda e ela vem; porém, ninguém pode fazer o trabalho para nós. A ajuda tem de apenas auxiliar a nossa força e crença, para que estas se transformem no que precisamos.

Apresentação

"Se agirmos com perseverança, certamente seremos capazes de superar toda e qualquer dificuldade".

Mesmo que digam que a relação entre duas pessoas está falida, podemos afirmar que é possível ser feliz a dois. E como é possível! Mas para que isso aconteça, é fundamental que acreditemos nessa possibilidade.

Tudo na vida funciona assim: *"Aquilo que partir de nós, para nós retornará; aquilo em que acreditarmos, será o que teremos".*

Foi-se o tempo em que era preciso ver para crer. Hoje, é preciso crer para ver. É certo que as pessoas não mudam, transformam-se quando querem ou quando as circunstâncias as obrigam. Portanto, nossa transformação depende unicamente de nós. Tudo aquilo em que acreditarmos se manifestará à nossa frente. Por isso, devemos mudar algumas de nossas crenças, pois por meio dessas mudanças passaremos a enxergar o mundo com outros olhos e a enxergar novos horizontes, repletos de oportunidades. Mesmo que a cada dia nos surja um novo desafio e muitas lições a serem aprendidas, a busca pelo aprendizado será constante, pois vivemos num mundo em que por mais que aprendamos, temos muito mais a aprender.

Aprendemos, diariamente, com as mais diversas pessoas, nas mais variadas situações. Afinal, nossa vida se resume a uma eterna troca, e todos estão aqui pela mesma causa. Diante do nosso Criador, Deus Todo-Poderoso, somos todos iguais, mesmo que nos encontremos em estágios evolutivos diferentes.

Este livro surgiu porque acredito na possibilidade de criação de bons relacionamentos, na harmonização dos que se encontram desajustados, no crescimento de cada alma, na existência de *almas gêmeas* – o nosso complemento, a nossa famosa "cara metade". Como também na de *almas companheiras* – as que possuem condições iguais e vêm para cá a fim de cumprirem juntas a mesma missão.

Há também as *almas missionárias* – as que sacrificam seu amor em função de uma causa nobre. Dedicam seu tempo terreno ao benefício da humanidade, como, por exemplo, *São Francisco de Assis* e *Santa Clara*. Estas, geralmente, são solitárias e se encontram entre os missionários religiosos. Mas também podemos encontrá-las no meio artístico, em grupos comunitários e até mesmo exercendo profissões como as de médicos, educadores, escritores... Trabalham voluntariamente, visando sempre o amor e a paz entre todos. As *almas ardentes* unem-se por meio de uma forte atração física. Num impulso totalmente incontrolável, não resistem à necessidade e ao desejo de aproximação física. O sexo ocupa todo o espaço dentro dessa relação, a ligação é mais carnal do que espiritual. *Almas passageiras* são aquelas que passam por nós num tempo recorde e não deixam rastros. Surgem com um único propósito, o de ensinar ou aprender alguma lição. *Almas algemadas* são aquelas que estão ou sentem-se presas por alguma obrigação ou por outras razões. (Parece brincadeira, mas, infelizmente, hoje muitas podem ser vistas dessa maneira). E há também as chamadas *ligações cármicas* – as que trazem dívidas de vidas passadas para serem resgatadas e quitadas.

Quando falamos em carma, não estamos falando exatamente em sofrimento, como muitos afirmam. No carma temos a oportunidade de evoluir, portanto, para conseguirmos essa evolução, não devemos desperdiçar nenhuma chance - boa ou má - que nos seja concedida, pois com elas podemos reparar os erros cometidos num passado distante ou recente. Por nada deste mundo, em tempo algum, devemos nos esquivar ou fugir dos problemas, diretos ou indiretos, que nos atingem de alguma forma. Pelo contrário, temos de conhecê-los para superá-los e vencê-los.

Nenhuma pessoa, por mais que queira, possui bagagem suficiente (científica, mística, psicológica...) para falar com autoridade sobre um assunto tão único e pessoal, num campo amplo de hipóteses e possibilidades, rico em divergências de opiniões, visões e reações. Cada pessoa é única e tem a sua maneira de ver, pensar, sentir, agir e reagir. Portanto, a resposta sobre que tipo de relacionamento estamos vivenciando, que tipo de alma (gêmea, companheira, cármica...) está ao nosso lado, somente poderá ser dada pelo nosso coração, obviamente de acordo com as circunstâncias que vivemos.

Todos os relacionamentos são iguais, a diferença quem faz são os personagens da história. Antes de nos importarmos tanto com que tipo de alma temos ao nosso lado, devemos nos esforçar para viver em harmonia com a pessoa com quem estamos nos relacionando, independentemente de quem seja, já que nada na vida acontece por mero acaso.

Nos momentos de dificuldades, se a nossa vontade de superá-las for mais forte, não haverá nenhum obstáculo que nos impeça de realizar nosso propósito, de sermos felizes em nossos relacionamentos.

Lembre-se de que *"Quem não tem dificuldade, não cresce"*.

Como *Yogananda*, reze:

"Que o Teu poder, Senhor, cresça em mim. Conserve-me na consciência positiva de que, com Teu auxílio, eu sempre posso superar minhas dificuldades".

Minha intenção com este livro é que no decorrer destas páginas muitas coisas possam ser lembradas, relembradas e, em certos casos, modificadas em benefício de milhares de pessoas, inclusive em seu próprio benefício, na harmonização e fortalecimento de seus relacionamentos afetivo, conjugal, familiar, de amizades e profissional.

Que este livro não seja lido apenas uma única vez, mas quantas vezes forem necessárias, até que haja a conscientização do erro que vem ocorrendo nas suas relações, para que ele possa então ser corrigido visando uma melhor aproximação com as pessoas envolvidas.

Assim como este livro pode vir a se tornar seu companheiro diário, você também possa se tornar um companheiro – ou companheira – amável e querido(a) por todos, nessa sua trajetória terrena. Lembre-se de que tudo na vida passa, portanto, essa sua estadia terrena também passará. Siga seu percurso da melhor maneira que puder, mas deixando em cada passo sementes de amor, solidariedade, companheirismo, fraternidade.

Ame os seus amigos ...

Ame os seus inimigos...

Ame sempre, lembrando-se de que todas as pessoas têm suas razões para estar junto de você.

Que esta finalização seja o início da prática espiritual n.°1: *"O Amor Incondicional"*.

Deixo aqui alg .mas sementes para que brotem em seu

coração e transformem-se em frutos saudáveis em sua vida, ajudando-o a melhorar todos os seus relacionamentos.

Sai Baba ensina:

"O amor é a mais importante prática espiritual".

Afirma:

"Devemos viver de modo a começar o dia com amor, encher o dia com amor, passar o dia com amor e terminar o dia com amor – porque esse é o modo de Deus".

Que assim seja a nossa vida, irradiada pela energia, força, poder e luz do amor.

Afirmações [2]

Afirme, diariamente, cada uma dessas afirmações, diversas vezes ao dia, até que se veja agindo exatamente igual ao que elas propõem. Que estas se tornem um hábito, uma atitude constante a cada instante da sua vida.

1

Desde o começo do alvorecer, irradiarei
minha alegria, hoje, a todos que encontrar.
Serei, mentalmente, a luz do sol
para todos os que cruzarem meu caminho
neste dia.

2

Decidirei ser feliz em meu próprio interior,
agora mesmo, onde hoje estou.

---

2. Do livro *Onde Existe Luz – Discernimento e Inspiração para Enfrentar os Desafios da Vida*, Paramahansa Yogananda, Self-Realization Fellowship, 1997.

Amor

"Fomos colocados na Terra, por um breve espaço de tempo, para podermos aprender os caminhos do AMOR!"
WILLIAM BLAKE

Em cada um de nós precisa existir a crença de que temos potencial para amar e de fazer com que sejamos amados.

O sentimento de amor promove cura em todos os aspectos de nossas vidas, pois quando amamos ou nos sentimos amados nos renovamos, sentimo-nos seguros, confiantes, adquirimos paz e, felizes, harmonizamos tudo em nossas vidas.

Quando o amor se faz presente, todos os tipos de medos desaparecem. Fortalecidos e corajosos, partimos em busca de tudo que por muito tempo evitamos enquanto dominados por nossos medos.

Quando o amor nos invade, nossa vida se torna plena.

Estar apaixonado é estar em estado de graça, pois vemos as pessoas com outros olhos, enxergamos os obstáculos como oportunidades, achamos a vida mais bela e encantadora. Tornamo-nos uma fonte inesgotável de amor e, assim, quanto mais o doamos, mais o recebemos. Tornamo-nos também um espelho de beleza divina, de modo que, onde quer que estejamos e seja com quem estivermos, irradiaremos nossa luz. E essa luz iluminará os corações das pessoas e alimentará a vontade em cada uma de se igualar à nossa energia de puro amor.

Devemos nos lembrar sempre de que o amor nos liberta de tudo que nos aprisiona, promove curas, milagres constantes em nossas vidas. Portanto, ame e deixe-se ser amado. Lembre-se de que sua existência é uma expressão do amor real e tudo mais é uma ilusão. Sendo você uma expressão do amor real, é necessário que o sentimento de amor torne-se uma realidade em sua vida.

Segundo o *Novo Testamento* :

"Aquele que não ama não conhece a Deus; pois Deus é amor".

Deepak Chopra, no livro *O Caminho para o Amor,* Editora Rocco, diz:

"O amor sabe que você existe e se importa com a sua existência".

"Com um novo nascimento do coração, você verá um novo mundo".

"Todas as pessoas são inocentes à luz do amor".

Quando sentimos amor, tornamo-nos puros, sem malícia e sem maldades.

"Ser amável não é uma qualidade superficial; é uma qualidade do espírito".

Essa qualidade está em todos nós, basta que a deixemos aflorar, desenvolver-se e expandir-se em todos os nossos relacionamentos. Não podemos bloquear o amor que há em nós.

"Receber um gesto de amor é como receber uma porção de Deus".

O amor é a energia da perfeição divina.

Quando o amor se faz presente em um relacionamento, a perfeição divina está agindo em benefício das pessoas envolvidas.

Deus é amor, e quando essa energia invade nosso ser, Ele está presente em nossas vidas.

Aprenda a olhar nos olhos de todas as pessoas e acreditar que o amor está ali, a sua espera. Da mesma forma que você pode receber o amor delas, também pode retribuí-lo. Mas lembre-se de que usar uma pessoa não é um ato amoroso, você a está tratando como um mero objeto. E os objetos sempre se desgastam, ou deixam de despertar nosso prazer. Em tudo, em todas as circunstâncias, em todas as pessoas, em nós, é preciso deixar o amor fluir. Sem amor nada somos, nada podemos. Só o amor é real em nossas vidas.

Reflita sobre a história a seguir:

(3) Era uma vez um moleiro de bom coração, que vivia à beira-mar. Ele trabalhava com a esposa moendo trigo para o povo da cidade. Não havia cidade naquela região onde reinasse tanta felicidade quanto aquela. As pessoas se maravilhavam e se perguntavam o que fazia os membros daquela comunidade tão sábios e felizes. Mas as pessoas nasciam, cresciam, envelheciam e morriam, sem nunca conseguir descobrir o mistério.

Hoje vou contar o que fazia com que o povo daquela comunidade fosse tão feliz e próspero, tão alegre e sábio.

Foi o serviço prestado pelo moleiro e sua esposa, que saturavam com seu amor a farinha que moíam. Esse amor era levado nos sacos de farinha para as casas dos fregueses do moinho e convertia-se em pão. Em todas as refeições, o poder regenerador do amor desse casal irradiava-se em cada mesa e entrava nas pessoas que comiam aquele pão. Assim, com um poder radioativo, a energia do amor vibrante deles espalhava-se por toda a comunidade.

Os vizinhos não sabiam a razão da sua felicidade e ninguém nunca foi capaz de descobri-la. Pois muitas vezes – embora vivamos lado a lado – não somos capazes de perceber as verdades mais simples a respeito uns dos outros".

3. Texto extraído do livro *Almas Companheiras e Chamas Gêmeas*, Elizabeth Clare Prophet, Nova Era.

Redescobrindo o amor[4]

(5) *"O amor vos escuda e preenche vossa vida com a perfeição".*
MESTRA NADA

Jamais houve, em época alguma, palavra mais pronunciada e menos entendida do que a virtude do amor, porque o homem confundiu o que é o verdadeiro amor, o amor cósmico e impessoal, com o amor egoístico ou sensual. Amar é mais que simplesmente amar. É doar uma totalidade, é renascer na unidade, é manter Deus em cada ser.

Sempre que você amar, ame de todo o seu coração, de todo o seu entendimento, com todas as suas forças. Deixe fluir do seu interior o verdadeiro amor, que não é possessivo nem egoístico. Ame sua família, suas coisas, seus amigos, seu trabalho, a natureza e tudo o que mais a vida lhe proporciona, mas, especialmente e acima de tudo, ame a Deus. Deus é mais do que um sol. Ele é a fonte perene de onde emana o amor verdadeiro, cujo sentido é confirmado pelas palavras bíblicas quando diz que Deus é amor.

Aprenda a compartilhar esse amor com tudo e com todos os que estão à sua volta. Sinta a presença de Deus em tudo o que você faz, e faça tudo em Seu nome. Você pode fazer isto, porque basta ter humildade. Nos momentos difíceis, diga, com fé e esperança:

4. Extraído do livro *A Magia do Eu Posso,* de Élcio Souto e Sandra Meirelles, Editora Mystic, 2002.
5- Extraída do livro *Discurso da Amorável e Ascensionada Mestra Nada,* Ponte para a Liberdade.

Eu Posso amar................ *(diga o nome da pessoa)*,
porque esta é a vontade de Deus.
Eu Posso, e devo, compartilhar com meus
irmãos em Cristo, tudo o que Deus me dá.
Eu Posso amar com liberdade e respeito,
porque o amor de Deus me preenche com plenitude.
Eu Posso amar sem medo,
porque o verdadeiro amor é um estado de espírito.
Por isto, Eu Posso amar e ser amado,
sem nada cobrar, sem nada exigir.
Eu Posso amar pela alegria de amar
e deixo este amor fluir livremente,
envolvendo a tudo e a todos com energia e alegria,
ultrapassando toda limitação e compreensão.

Quanto mais amo, mais sou amado!
Eu Sou a essência do amor cósmico e universal,
levando a presença de Deus
onde quer que eu esteja.
Por isto, digo, afirmo e confirmo:
Eu Sou o amor,
porque o amor está em mim
e eu estou na unidade de todos os seres
e de todas as coisas.

Cuide bem do seu amor

(6) *"A tarefa mais importante de vossa vida é incentivar o amor".*

Diz a música de *Herbert Vianna*:

"Cuide bem do seu amor. Seja quem for".

Assim, devemos nos propor a cuidar bem do nosso amor. Do amor que temos de doar e do amor que queremos receber. Seja a quem for e de quem for. Lembrando que o amor mais difícil de exercer é aquele que temos de receber das pessoas que se colocam como nossos inimigos, adversários, rivais em alguns períodos ou em situações passageiras de nossas vidas, e que temos, principalmente, de doar a elas.

O amor não é simplesmente uma pequena palavra, mas um grande e nobre sentimento que devemos manter em nosso coração e colocar em prática a cada dia, a cada instante, em qualquer situação, dirigindo-o a todas as pessoas.

O amor é a causa primordial da nossa existência e, no entanto, a lição mais difícil. Essa é a razão pela qual

6. Extraída do livro *Discurso da Amorável e Ascensionada Mestra Nada*, Ponte para a Liberdade.

devemos sempre insistir nessa prática até que ela se torne constante em nós, em nossas vidas e em nossos relacionamentos.

Todos os relacionamentos envolvem emoções e têm suas razões para ser como são.

Nada dentro de uma relação surge isoladamente. De alguma maneira você colaborou para seu relacionamento ser bom ou ruim. Tudo o que acontece em seus relacionamentos depende muito mais de você do que propriamente dos outros, pois você vai viver exatamente aquilo que se permitiu – ou que se permite – viver. De nada adianta afastar-se de algumas pessoas ou substituí-las por outras, acreditando que assim você será mais feliz nas suas relações.

Cada pessoa tem de assumir suas próprias falhas e tentar corrigi-las de alguma maneira, pois enquanto permanecer como sempre foi o problema irá persistir.

De nada adiantará jogar a culpa no outro. O outro será sempre o espelho que irá refletir aquilo que deve ser mudado ou mais bem trabalhado em você.

Para mudar seus relacionamentos, primeiro é preciso mudar sua forma de ser, de agir, de tratar e amar as pessoas.

Ame com naturalidade, deixe fluir esse sentimento da forma mais plena e natural. Não lute contra esse sentimento, pois por meio dele aprendemos as mais belas lições.

Ame de todas as formas, de todas as maneiras, ame mais, ame menos, mas ame sempre. Ame o que você faz, ame todas as pessoas que encontrar pelo caminho, ame o seu vizinho chato, a professora que o persegue, o chefe rabugento, o frentista do posto mal-humorado... enfim, ame sem medo de amar. Entregue-se ao amor, viva sempre amando.

Ame aquela pessoa que surgiu na sua vida, não tenha medo de amar, pois o sentimento do amor sempre nos traz benefícios, enquanto o sentimento de medo sempre nos prejudica.

Roberto Shinyashiki, no livro *Sem Medo de Vencer*, diz:

"O melhor é deixar de resistir, pois o amor é uma fera vingativa. Quando uma pessoa está amando e não deixa o amor fluir, ele procura chamar a atenção para a sua existência. Os três "S" serão as primeiras vítimas: sexo, sono e saúde. Um dos três sempre sai prejudicado quando o amor não se realiza. Às vezes a pessoa quer se enganar e dizer que sua vida está ótima e lá vem o amor para lhe mostrar que algo não está bem, provocando insônia, perturbações sexuais ou somatizações.

Acredite: desrespeitar o amor pode ser perigoso para a saúde. Portanto, tão importante como dieta e exercícios, para cuidar do seu coração é bom fazer também um programa intensivo de amor".

Não adie o que você pode fazer hoje: cuide bem do seu amor.

Nada é por acaso

"Tudo está de acordo com a Divina Perfeita Ordem".
Louise Hay

Em boa parte das 24 horas do dia estamos envolvidos em nossas relações, seja com o parceiro ou parceira, seja com filhos, irmãos, pais, parentes, amigos, sócios, professores, clientes, funcionários. E muitas das emoções e razões ligadas a esses relacionamentos podem vir de um passado distante ou recente. E, quer queiramos ou não, temos de lidar com elas para melhor usufruirmos de cada oportunidade.

Cada relacionamento tem a sua importância, e o objetivo maior em todas as relações é o aperfeiçoamento da comunhão com o Todo.

Todos os laços que nos unem com as pessoas devem ser firmados ou desatados com muito respeito. O respeito, além de ser uma atitude digna, é um dever de cada um de nós. Devemos aprender a respeitar e tratar com carinho todas as pessoas que por menos significado que tenham em nossas vidas, têm suas razões para estarem diante de nós, ao nosso redor ou muito próximas de nós. Precisamos caminhar, pacientemente, pela longa estrada da vida.

O caminho nos ensinará em determinados trechos a vivenciarmos a verdadeira magia que há em nossos relacionamentos.

Há pessoas que em certas épocas de nossas vidas deixam marcas e são capazes de exercer forte influência transformadora em nosso interior, influência essa que, de uma maneira ou outra, pode a vir a se refletir em nossas relações atuais ou futuras.

Cada pequeno esforço que realizamos para nos corrigir e assim eliminarmos nossas feridas soma-se ao seguinte e resulta em algo bom para nós e para as pessoas com quem nos relacionamos, direta ou indiretamente.

Todo relacionamento, seja fácil e tranqüilo, seja difícil e tumultuado, é sempre proveitoso para entendermos a lição que deve ser aprendida ainda nesta existência.

Uma pessoa mentalmente sadia e emocionalmente equilibrada transforma seu ambiente e melhora de forma considerável a qualidade de seus relacionamentos.

A felicidade é possível e está ao alcance de todos, basta ter a capacidade de descobri-la e cultivá-la. Somente uma pessoa feliz tem condições de ser feliz com o outro, e assim, tornar as suas relações mais felizes.

O que nos impede de ter um bom relacionamento é a pouquíssima importância que damos aos fatos que vivenciamos dentro de todos os relacionamentos.

Somos filhos de Deus, nosso Pai-Criador, e, portanto, nascemos para sermos felizes. Se Deus nos deu nosso livre-arbítrio e o respeita, por que não aprendemos a fazer o mesmo?

Mas não basta aprender, é preciso colocar em prática, respeitando a vontade e a opção de vida de cada um. Quando o respeito se faz presente, a relação flui naturalmente e se torna a cada dia mais saudável e feliz.

Com vontade, determinação, força, credibilidade, esperança, fé e, principalmente, amor em nossos corações, vencemos todas as nossas dificuldades aparentes (sejam elas reais ou imaginárias), eliminamos os obstáculos e, assim, transformamos nossos carmas negativos em positivos.

É nossa a escolha do caminho que vamos percorrer desde o início até o final. Por que, então, não embarcamos nessa viagem fantástica, com muito amor no coração?

Lembrando que, com nossos pensamentos e atitudes, criamos nossa realidade. A origem de tudo que nos acontece está em nós. Portanto, cada pessoa é responsável por sua própria vida. Não existe ninguém que possa interferir na sua vida se você próprio não der a permissão. Não existe bom ou mau, culpado ou inocente, mero acaso... tudo tem sua razão e essa razão está em cada um de nós, nos nossos pensamentos, sentimentos e ações.

A seguir deixo alguns dos *Sutras* de *Deepak Chopra*, para que você os leia, releia e reflita sobre eles:

> Qualquer desejo de crescer está seguindo o fluxo do amor.
>
> Se você bloquear seus desejos, vai bloquear seu caminho natural de crescimento.
>
> O crescimento é a disposição de deixar a realidade ser nova a cada momento.
>
> A solução nunca está no nível do problema – a solução é sempre o amor, que está além dos problemas.
>
> As coisas ruins não acontecem conosco; nós as chamamos para que possamos aprender uma lição.
>
> O amor nunca força. O amor é inteligente e só traz a você o que você precisa.
>
> Não há punição divina. O que vemos como a punição de Deus é um

reflexo de nossa própria resistência.

O amor não precisa de razão. Fala a partir da sabedoria irracional do coração.

Um coração precisa aprender a confiar para estar tranqüilo no mundo.

Vale um conselho. Repita três vezes ao dia, durante sete dias, ou pelo tempo que achar necessário:

"A partir de agora me liberto, abandono e desfaço as amarras que me impedem de me aproximar das pessoas de que mais necessito estar próximo. Não atacarei, mesmo que seja atacado.

Manterei sempre uma atitude de amor, por mais que eu seja atacado ou enganado.

Seguirei o conselho de Jesus, darei a outra face, amarei os meus inimigos e passarei a ver tudo e todos por meio da minha mente crística. Assim verei as coisas me acontecerem por mero merecimento e não por mero acaso".

Exercendo a tarefa

"Se quer ser amado, comece por amar aqueles que necessitam do seu amor (...) Se quer que os outros simpatizem com você, comece por mostrar simpatia para com as pessoas a seu redor. Se quer ser respeitado, você tem de aprender a ser respeitoso para com todos, jovens e idosos (...) Seja o que for que você deseje que os outros sejam, seja isso você primeiro. Verá, então, que os outros lhe respondem de maneira semelhante".

YOGANANDA

Falar sobre amor – a energia maior que envolve sentimentos e gera fortes emoções – é mexer num mundo muito pessoal e íntimo de cada ser. Uma jornada fantástica e, ao mesmo tempo, uma árdua e perigosa tarefa.

Não existe um guia que nos passe com exatidão a melhor direção a se tomar quando ação e reação se opõem. E mesmo que tal revelação fosse possível, quando algo mexe com o coração, toda tentativa é em vão se não houver controle da emoção.

Todos sabem que experiências não são adquiridas nas escolas, não se aprendem com os outros e muito menos em livros. Cada pessoa tem de vivenciar suas próprias experiências.

Caso você tenha dificuldade de olhar e fazer por você, tente ao menos olhar e fazer mais pelas pessoas que tanto o amam e que há tempo estão à espera da sua modificação.

Coloque-se em ação, abra seu coração. Demonstre seu amor, abrace, ouça, sorria. Trate todas as pessoas, independentemente de quem sejam, com carinho e respeito, para que você possa receber tudo com a mesma intensidade. Ame e se faça ser amado.

Lembre-se que, uma vez conquistado, o amor deve ser sempre cultivado.

Ah! Se o amor estivesse mais presente em nossas ações e atitudes diárias, se fosse constante e não oscilasse tanto em nós, o mundo seria outro, completamente diferente de tudo que vemos e vivemos diariamente.

Mudar o mundo é possível?

Claro que sim, desde que cada um de nós faça a sua parte trabalhando com amor em benefício de todos que aqui se encontram.

A grande transformação do mundo, que tanto aguardamos, se dará pela transformação de cada um de nós. Então, por que ficarmos nos lamentando?

Vamos criar já, com nossos pensamentos, atitudes e ações, um mundo melhor. Vamos aprender a nos relacionar. Vamos agradecer a Deus e a Seu exército de anjos esta magnífica oportunidade que temos ao viver as emoções e as razões de nossos relacionamentos, afinal:

"É com o coração que se vê corretamente;
o essencial é invisível aos olhos".
ANTOINE DE SAINT-EXUPÉRY

Custe o que custar, você deve sempre procurar agir na prática do bem: sendo sempre amável, dócil, bondoso, generoso com as pessoas; dando a elas a mesma liberdade que deseja para você; sendo verdadeiro em tudo, em seu pensamento, em suas palavras e em suas ações. Jamais você deve seguir um caminho que não é seu, simplesmente porque a maioria das pessoas determinou isso. Pois, nem sempre a verdade de um é a verdade do outro.

Não siga o pensamento de outro, não vá contra seus princípios somente para tirar vantagem de algo ou para agradar alguém.

Krishnamurti, afirma:

(7) "Deveis aprender a guiar-vos sozinhos, para que possamos confiar em vós".

E continua:

"O amor é a força mais poderosa do universo e tudo existe pelo amor.

O amor é todo-poderoso. Amai sempre e cada vez mais – em breve tereis o poder criado pelo amor.

Não deveis confundir sentimentalismo com amor: só existe amor quando há vontade de prestar auxílio.

Só o amor pode vencer o mal.

Amor é a palavra mágica que leva à liberdade, ao poder e à realização do vosso destino.

Nada, senão o amor permitirá vencer os obstáculos do caminho.

Não é bastante ter amor: deveis dar amor, viver amor, tornar-vos amor.

Fazei do amor uma realidade ao vosso redor – e não algo indeterminado e remoto...

Expandi o vosso amor abundantemente e sempre – sem considerar o que os outros por vós possam fazer...

Deveis manifestar amor como a vossa própria vida – e ele é a vossa vida...

7. Krishnamurti, *Aos Pés do Mestre*, Editora Pensamento.

Para onde fordes, levai convosco o amor...
Curai o mundo pelo amor.
Vivei-o primeiro para ensiná-lo a todos".

Para finalizar esta parte, deixo aqui o belíssimo exemplo de *São Francisco de Assis*:

Senhor;
Fazei de mim um instrumento da vossa paz!
onde houver ódio, que eu leve o amor,
onde houver ofensa, que eu leve o perdão;
onde houver discórdia, que eu leve a união;
onde houver dúvida, que eu leve a fé;
onde houver desespero, que eu leve a esperança;
onde houver trevas, que eu leve a luz;
onde houver tristeza, que eu leve a alegria.
Oh! Divino mestre, fazei com que eu
procure mais consolar do que ser consolado;
compreender que ser compreendido;
amar que ser amado;
pois é dando que se recebe;
é perdoando que se é perdoado;
e é morrendo que se nasce para a vida eterna.
Amém.

Que esta não seja simplesmente uma oração, mas uma prática diária, em nossas vidas.

(8) "Dai onde for necessário e não para satisfazer vosso próprio prazer.
Dai alegremente aos outros aquilo que para vós mais desejais.
De boa mente cedei tudo, em prol do progresso dos outros.
Fazei de vossa vida inteira um ato de altruística oferenda de vós mesmos, e Nós assim nos tornaremos capazes de vos ajudar a alcançar o caminho.
Dando, jamais perdereis".

8. Krishnamurti, *Aos Pés do Mestre*, Editora Pensamento.

O desapego

"O apego é uma forma de dependência baseada no ego; o amor é não-apego baseado no espírito".
DEEPAK CHOPRA

Para algumas pessoas o desapego é algo difícil, quase impossível. Desapegar-se é uma tarefa dificílima, principalmente, para quem confunde apego com amor.

O amor torna livre, enquanto o apego escraviza.

Desapegar-se é agir em benefício do próximo, de forma a deixá-lo livre para seguir seu caminho. As pessoas, ou até mesmo os objetos, tem um determinado tempo conosco. Tanto podem ficar junto de nós por toda uma existência terrena, como ir adiante ao encontro da pessoa com quem têm de estar.

Pior que o apego material é o pessoal, familiar. Nós nos apegamos tanto que quando as pessoas se vão, perdemos o rumo de nossas vidas. Algumas pessoas são tão apegadas ao passado que não se permitem viver o presente, o instante que está diante delas.

A pessoa que não sabe abrir mão de outra nunca será feliz, pois o apego manterá sempre a dor de seu sofrimento.

Se você é uma pessoa apegada, procure desapegar-se, tornar-se despreendido, livrar-se das recordações que lhe causam infelicidade. Desapegue-se dos objetos, eles se vão na hora que devem ir, deixando espaço para outros virem. Desapegue-se das pessoas, para que outras venham até você. Faça isso ciente de que cada uma tem sua trajetória, sua vida a ser vivida. Usufrua os bons momentos enquanto elas estão a seu lado. Cada encontro é sagrado, e toda vida precisa ser honrada como parte de Deus.

Lembre-se: *"Nada real pode ser ameaçado, nada irreal existe".*

Deixe ir tudo e todos que tiverem de ir, e agradeça pelo tempo e a oportunidade que teve de tê-los junto de você. Quando a partida se der, abençoe para que sigam na luz.

Aprenda a ter preferências em vez de apegos. Pois todo sofrimento vem do apego de cada um de nós. Os apegos nos tornam e nos mantêm infelizes.

O *dr. Joshua Stone* afirma:

"Com preferências, você é feliz qualquer que seja o desfecho de uma situação; porém, com apegos e expectativas, você perde a sua paz interior se as coisas não acontecem como você quer".

(9) "Não deves te preocupar tanto com as ilusões da vida material nem, muito menos, esperar encontrar em outra pessoa o Amor, o Verdadeiro Amor, que completará. Esse Amor Verdadeiro só encontrarás em ti mesma, dentro de teu ser. Expande teu amor a todos, e o resto virá completar-te. É um trabalho silencioso, que exige vontade e muito amor ao próximo. As mudanças ocorrerão com intensidade em todos os níveis, e deves estar preparada para isso, não te apegando demasiadamente a ninguém nem deixando que conceitos e idéias se cristalizem em ti. A Era de Aquário é uma era dinâmica, de transformações, de ação intensa interna e externa. Os trabalhos espirituais da Nova era se desenvolverão em todas as áreas e várias serão as maneiras pelas quais poderás servir. Cada um sentirá dentro de si qual o serviço a realizar, onde, como e quando

9. *Mensagens dos Mestres – De Coração a Coração,* M. Stella Lecocq, Roca Editora,2000.

começar. Muitos o realizarão sozinhos, outros em grupo. Quando menos esperares sentirás o Chamado e saberás qual o rumo a tomar. Quando isso acontecer, segue as instruções internas e não te apegues a nada, nem a ninguém. Tens uma Missão, um compromisso contigo mesma e terás de cumpri-lo. Não deves te aborrecer se os outros não estão preparados para te entender antes da hora. Limita-te a sorrir e deixa que a pessoa amadureça internamente, e tem a certeza de que um dia, mais cedo ou mais tarde, ela por si só compreenderá".

Mestre El Morya – 25.7.90

Aprenda a ver tudo o que lhe acontece como lições, oportunidades para seu crescimento e sobretudo como testes para seu espírito. Olhe para tudo que lhe acontece entendendo e agradecendo cada dádiva, e abençoe toda pessoa e situação em que se ver envolvido.

Saiba que dar algo a alguém é "literalmente" dar amor a si mesmo.

Deepak Chopra, no livro – *O Caminho para o Amor,* diz:

"O amor permite que seu ente querido tenha a liberdade de ser diferente de você. O amor não impõe exigências".

Neste mesmo livro, ele relata uma história que transcrevo aqui, para que você a leia e reflita a respeito.

"Conheço um homem que foi feliz no casamento durante 16 anos. Certa manhã, ele notou um caminhão de mudanças diante da porta da frente.

Perguntou à esposa o que o caminhão estava fazendo ali, e ela respondeu "estou indo embora, e meu advogado disse que posso ficar com a metade de tudo. Decida agora com que você quer ficar.

Essa despedida brutal foi um choque para meu amigo (em retrospectiva, ele admitiu que a comunicação com a esposa fora nula durante os últimos anos, de modo que se ela tinha queixas, houve poucas oportunidades para falar sobre elas). Ele não teve escolha senão submeter-se à partida da esposa, e num instante seu apego a ela transformou-se em dor, despertando o ciúme sexual (ele suspeitava que havia outro homem na jogada – erradamente, como descobriu depois), traição, suspeita e desconfiança. Essa dor cresce a partir do estado de separação; ela não é criada pelo que a outra pessoa faz conosco. Num estado de união, o Eu Superior forneceria amor incondicional, o que significa que nenhuma traição ou abandono poderia nos ferir. Quando você está numa união, ninguém pode realmente deixá-lo".

Sempre que você se encontrar num momento difícil, diga de coração: *"Não a minha vontade, mas a Tua, ó Senhor. Obrigado por esta lição"*.

Deixe tudo e todos seguirem seu percurso natural, pois agindo assim muito estará fazendo por eles e por você.

Para se libertar do sentimento de apego, você pode usar a visualização da carta *Seis de Espadas*, extraída do livro *Meditações para Despertar o Deus Interior*, de *Sandra Meirelles*, Editora Mystic.

Projete-se a uma enorme floresta. Veja-se livre de todo e qualquer apego. Liberte-se. Você merece ser feliz. Abra-se para a vida. Entregue-se para uma nova oportunidade de ser você. Escute os sons da natureza e tente defini-los. Dê-lhes forma e agradeça pela existência deles. Silencie seus pensamentos agora e entregue-se ao som das águas. Vá atrás do som e encontre a cachoeira que desce por entre as matas, acariciando as pedras e fluindo ao chão. Veja-se sendo transmutado, harmonizado e tornando-se feliz. Faça só agradecimentos, deixando no espaço, como um eco, este mantra:

"Desejo a todos os seres em ação harmonia, amor, verdade e justiça".

Desiderata[10]

No meio do barulho e da agitação, caminhe tranqüilo, pensando na paz que você pode encontrar no silêncio.
Procure viver em harmonia com as pessoas que estão a seu redor, sem abrir mão de sua dignidade.
Fale a sua verdade, clara e mansamente.
Escute a verdade dos outros, pois eles também tem a sua própria história.
Evite as pessoas agitadas e agressivas: elas afligem nosso espírito.
Não se compare aos demais, olhando as pessoas como superiores ou inferiores a você: isso o tornaria superficial e amargo.

Viva intensamente seus ideais e o que você já conseguiu realizar.
Mantenha o interesse no seu trabalho, por mais humilde que seja: ele é um verdadeiro tesouro na contínua mudança dos tempos.
Seja prudente em tudo o que fizer, porque o mundo está cheio de armadilhas.
Mas não fique cego para o bem que sempre existe.
Há muita gente lutando por nobres causas.
Em toda parte, a vida está cheia de heroísmo.
Seja você mesmo.
Sobretudo não simule afeição e não transforme o amor numa brincadeira, pois no meio de tanta aridez, ele é perene como a relva.
Aceite com carinho o conselho dos mais velhos e seja compreensivo com os impulsos inovadores da juventude.

10. Texto encontrado em Baltimore, na antiga igreja de Saint-Paul, em 1962. Desiderativo: que exprime desejo. Aquilo que deseja, aspiração.

Cultive a força do espírito e estará preparado para enfrentar as surpresas da sorte adversa.

Não se desespere com perigos imaginários: muitos temores têm origem no cansaço e na solidão.
Ao lado de uma sadia disciplina, conserve, para consigo mesmo, uma imensa bondade.
Você é filho do universo, irmão das estrelas e árvores, você merece estar aqui.
E mesmo que você não consiga perceber, a Terra e o universo vão cumprindo seu destino.

Procure, pois, estar em paz com Deus, seja qual for o nome que você lhe der.
No meio de seus trabalhos e aspirações, na fatigante jornada da vida, conserve, no mais profundo do ser, a harmonia e a paz.
Acima de toda mesquinhez, falsidade e desengano, o mundo ainda é bonito.
Caminhe com cuidado, faça tudo para ser feliz e partilhe com outros a sua felicidade.

Reparando erro

"Nossos encontros e relacionamentos podem nos ajudar a aprender mais sobre nós mesmos. Eles são um espelho que reflete o ponto da evolução em que estamos no momento".

É impresionante o número de pessoas voltadas para a busca de suas almas gêmeas. Essa história está se tornando algo perigoso, pois na busca frenética para se encontrar a famosa "cara metade", há quem esteja menosprezando e até colocando para fora de sua vida pessoas valiosas que estão ao seu lado para se aventurarem na procura do parceiro – ou parceira – ideal. O correto é deixar de procurar pelo par ideal, para então passar a ver como ideal a pessoa que temos ao nosso lado. Quem pode garantir que ela não seja aquele alguém que tanto procuramos e que, na ânsia desesperada por algo novo na vida, não estamos enxergando? Ou quem sabe já enxergamos, mas relutamos em admitir?

Nem sempre nossa alma gêmea é a pessoa que namoramos e com quem casamos. Ela pode ser o pai, a filha, a irmã... ou até mesmo pode não estar encarnada.

Para ser feliz, não necessariamente é preciso que esteja com a intitulada alma gêmea, mas sim que aprenda a viver feliz independentemente de quem quer que esteja a seu lado. É preciso antes de mais nada entender que a maioria dos relacionamentos, seja entre casais, seja entre pais e filhos, amigos ou parentes, tem seus momentos de altos e baixos.

Nada é permanente em nossas vidas e tudo tem sua razão de ser e acontecer. Lembre-se de que nada nos acontece por mero acaso.

É grande a necessidade e a importância do equilíbrio dentro de qualquer relacionamento. Se este falta, pomos tudo a perder e pioramos ainda mais a situação. Compreender as falhas ou faltas de cada pessoa, procurando sua causa e o caminho para corrigi-las, é dever de cada um de nós.

Da mesma maneira que temos nossos "defeitos" (qualidades ainda não desenvolvidas que precisam ser melhor trabalhadas), com os quais os outros convivem, temos de retribuir aprendendo a conviver com os defeitos alheios.

Em 1949, *Krishnamurti* afirmou:

"O problema não é o mundo, mas você no seu relacionamento com o outro, o que gera um problema; e esse problema, multiplicado, torna-se o problema do mundo".

Precisamos vencer os obstáculos que nos impedem de uma aproximação maior com as pessoas. Se conseguirmos isto, beneficiaremos todos os envolvidos dentro de um relacionamento mais amplo, o mundo em que vivemos.

Onde quer que haja desequilíbrio, este só será sanado com uma boa dose de equilíbrio emocional. É óbvio que, se você não está bem consigo mesmo, isto torna-se uma tarefa difícil e pode ser até impossível ficar bem com o outro. Para estar bem com alguém, primeiramente você tem de estar bem consigo mesmo.

Pare! Viaje no tempo, volte ao passado, reveja cada minuto já vivido. Faça uma reflexão sobre as fases da sua vida e calmamente examine os detalhes que podem lhe dar a resposta que tanto busca, para compreender os obstáculos que o impedem de ser feliz a dois, a três, a quatro... enfim, de ser feliz no mundo em que vive e com todas as pessoas com quem se relaciona, direta ou indiretamente.

Quando se repara os erros, as chances de acertos se tornam maiores.

Assumindo a realidade

"O conflito existe a partir do momento em que duas pessoas estão envolvidas. Quando uma delas se recusa a participar, a briga deixa de existir".

Vemos a nossa frente um mundo repleto de confusão, completamente conturbado pelos tumultos que se atropelam no desespero das pessoas, que, desorientadas, se perdem na ansiedade de obter em tempo "recorde" a felicidade tão almejada.

Parece que todos estão com pressa, correm desesperadamente, sem ter ao menos noção de onde querem chegar. Nessa tentativa sequer se incomodam se tiverem de passar por cima de alguém. É um mundo onde impera a máxima do "cada um por si e Deus por todos".

Somente uma minoria está fora desse círculo, em que famintos se devoram na luta para decidir quem pode mais. Será que essas pessoas, realmente acreditam que serão felizes com tantas agressões?

Não precisamos ir tão longe, nem fazer barbaridades para conquistar nossa felicidade, já que esta encontra-se no interior de cada um de nós.

Poder e dinheiro não são tudo na vida e não compram a felicidade. Quantas pessoas famosas e ricas há neste mundo que se revelam infelizes?

A felicidade só é real, plena, quando compartilhada.

Para que sofrermos sozinhos, se podemos ser felizes juntos?

Se olharmos ao nosso redor, veremos muitas pessoas sofrendo desnecessariamente.

O mesmo pode estar acontecendo com você, e neste exato momento, há milhares de pessoas na mesma situação. Umas admitem, deixam estampar em suas faces a dor dos seus sofrimentos, às vezes, causados pelos enganos e decepções em suas buscas vãs por alguém. Outras, por razões diversas, principalmente pelo orgulho, escondem-se por trás de suas máscaras. Caladas sofrem, talvez até mais, por sentirem-se sozinhas, sem ter alguém com quem desabafar, dividir sua dor. Viver somente para si é a origem de todo sofrimento.

Por mais que se negue, quem não gosta de receber um abraço afetuoso? Quem não gosta de ter colo nos momentos de fragilidade?

Por mais que digam o contrário, é difícil acreditar que lá nas profundezas de uma alma, não exista a forte vontade de ter alguém para compartilhar o dia-a-dia. Alguém com quem se possa conversar sem reservas e sem receios. Alguém a quem se possa confiar os segredos. Que nos oriente e nos incentive a lutar por nossos ideais. Eleve a sua auto-estima, "massageie o seu ego", faça-o rir das coisas mais banais. Faça-o achar tudo naturalmente lindo e belo, como o canto de um pássaro, o desabrochar de um botão de rosa, a imensidão azul do céu, o dourado do sol, a luminosidade da lua, o brilho das estrelas, o amanhecer que anuncia a chegada de um novo dia, a magia e o encanto do anoitecer. O verde que se perde nas ondas do mar, o cheiro que exala da mata, a chuva que cai. O simples sorriso de uma criança, o olhar expressivo de um idoso e tantas coisas mais que provam a existência de um Ser Maior - Deus.

Por que será que as pessoas só conseguem enxergar o belo quando acompanhadas?

Engana-se quem acredita que para ser feliz é obrigatório ter alguém (a cara metade) ao seu lado. Primeiro é preciso estar bem consigo mesmo, para então ser feliz com o outro. A felicidade de uma pessoa não pode depender de uma outra.

Conheço pessoas que dizem com convicção que só serão felizes quando encontrarem seu verdadeiro amor. Algumas, após diversas tentativas, acabam por desistir. Conformam-se com as famosas frases do tipo: "Nasci para ser infeliz, tenho de me conformar, pois neste mundo não existe uma única pessoa que seja para mim". Outras dizem: "Não é possível, a pessoa certa para mim deve ter morrido ao nascer ou é de outro planeta". Outras, ainda, comentam: "Nada dá certo para mim, tudo começa bem e no fim acaba mal". E tem aquelas que afirmam: "Tenho sorte para tudo, mas no amor..."

Seria bom que essas pessoas começassem a modificar seus pensamentos, pois no final tudo dá certo, se não deu ainda é porque não chegou ao fim.

Por que não acreditar na força maior, a energia que move todo o universo?

Na hora certa e no lugar exato estará a pessoa certa. De nada adiantará querer forçar um acontecimento fora do seu tempo. Lutar contra isso significa gastar energia à toa. Sem contar que o fato de mudar todo o seu percurso acarretará péssimos desfechos, ou seja, o resultado será desastroso.

Quando me refiro a solidão, não falo das pessoas que se encontram sozinhas, mas daquelas que, mesmo estando acompanhadas, gritam silenciosamente por uma boa companhia. Conheço casais que convivem com a solidão, vivem a tão conhecida solidão a dois. Isso é pior que estar realmente só. Muitas separações acontecem justamente por essa razão. É óbvio que ninguém procura pelo que já tem. É normal e natural a busca por alguém que nos complete. Afinal, todos almejam ter alguém ao seu lado. Reflita sobre o texto a seguir:

Pegadas na areia

Sonhei que estava andando na praia com o Senhor, e através do céu passavam cenas de minha vida.

Para cada cena que passava, percebi que eram deixados dois pares de pegadas na areia. Um era meu e o outro era do Senhor. Quando a última cena de minha vida passou diante de nós, olhei para trás e notei que muitas vezes no caminho da minha vida havia apenas um par de pegadas.

– Senhor – perguntei –, Tu me dissestes que uma vez que eu resolvi Te seguir, Tu andarias sempre comigo, todo o caminho, mas notei que durante as maiores atribulações do meu viver, havia na areia dos caminhos da vida apenas um par de pegadas. Não compreendo por que nas horas em que mais necessitava de Ti, Tu me deixaste.

Então, o Senhor me respondeu:

– Meu precioso filho, eu te amo muito, e jamais te deixaria nas horas de tuas provações e sofrimentos. Quando vistes na areia apenas um par de pegadas, foi exatamente quando te carreguei em meus braços.

Esta mensagem nos mostra que mesmo que estejamos nos sentindo solitários, sem ter alguém fisicamente ao nosso lado, espiritualmente, "nunca", em tempo algum, estamos sós. Há um Ser que olha por nós, e junto Dele, tudo nos é possível, até o que precipitadamente julgamos impossível.

Todos os relacionamentos são importantes

"O melhor relacionamento é o que você tem consigo mesmo".

Quantas pessoas conhecemos que passam boa parte da vida – ou até mesmo a vida inteira – procurando por algo que não sabem o que é ou por alguém que nem mesmo sabem quem é?

Quantas conhecemos que se iludem acreditando serem felizes por terem alguém ao lado, mesmo que num péssimo relacionamento?

E quantos de nós não nos perguntamos em algum momento o porquê de um determinado relacionamento em nossas vidas?

As dúvidas podem existir, mas a busca pela verdade sempre vai ser constante. No entanto, não devemos procurar por culpados quando nossos relacionamentos não ocorrem como desejamos. Devemos, sim, de algum modo criar condições para que ocorram de uma forma que beneficie as pessoas envolvidas.

(11) "Casamentos cármicos e outras condições da vida podem ir e vir e eles têm uma razão de ser. Enquanto o carma persiste (a menos que existam meios alternativos para resolvê-los), eles são um vínculo.

11. Elizabeth Clare Prophet, em *Amor, Casamento e Muito Mais – Aplicado à Senda Espiritual da Grande Fraternidade Branca.*

E enquanto continuarmos envolvidos neles, podemos fazer desses casamentos uma celebração na terra da nossa união interior com a nossa chama gêmea.

E isto é lícito.

O que não é lícito é tratarmos um relacionamento desse tipo friamente ou até mesmo com ressentimento e não darmos o melhor de nós e o amor mais fervoroso do nosso coração, porque dizemos: "Bem, esta pessoa não é a minha chama gêmea. E esta é apenas uma situação cármica; assim, farei um esforço simbólico e agüentarei até que apareça a verdadeira oportunidade! Bem, essa é uma maneira de prolongarmos o nosso carma e de fazermos mais carma".

Devemos tratar todos os nossos relacionamentos com igual importância, pois cada um traz sua lição, o aprendizado para nossa evolução. Ninguém está ao nosso lado por acaso, cada pessoa tem sua devida importância junto de nós.

Como humanos, temos muitas falhas e mesmo assim estamos sempre exigindo perfeição dos outros. Se nos damos o direito de errarmos com eles, por que eles não podem errar conosco?

Elizabeth Clare Prophet diz o seguinte:

"Temos de nos tornar tão maravilhosos quanto a pessoa com a qual queremos estar. E temos de sê-lo de verdade e realmente, e não na fantasia.

Precisamos ter coração. Precisamos ter alma. Precisamos estar dispostos a dar.

Não importa o que ela faça, teremos que ser capazes de dar algo à sua vida que ela precisa, porque todas as relações são baseadas em necessidades".

E completa:

"Assim, é apropriado reconhecer a necessidade. Mas devemos nos lembrar que uma necessidade também é falta de integridade. E falta de integridade torna-nos incompletos. E quando estamos incompletos, deixamos de focalizar o magneto divino que pode atrair para nós exatamente aquilo que precisamos para completar nossa integridade".

Tudo o que vivemos hoje em nossos relacionamentos está diretamente ligado às sementes que plantamos ontem e, conseqüentemente, esses relacionamentos são os frutos que estamos colhendo hoje.

O que viveremos amanhã dependerá do nosso livre-arbítrio. Podemos escolher plantar boas ou más sementes, cientes de que isso irá determinar a qualidade dos frutos.

Jamais devemos nos cansar de praticar o bem onde quer que estejamos. Somente assim melhoraremos todos os nossos relacionamentos e conseguiremos manter a paz, a harmonia e a felicidade em todos os tipos de relacionamento: afetivo, familiar, de amizades, profissional.

Vale lembrar que devemos sempre colocar o *Raio Rubi* em volta de todos os nossos relacionamentos, ou seja, veja sempre as pessoas envolvidas, envoltas por uma luz – a chama rubi. Quando houver desavenças, desarmonias, faça decretos ou apelos do *Raio Rubi*. Pode-se também pedir auxílio a *São Nicolau de Flue* – ver página 131.

Apelos do Raio Rubi [12]

1

Ó! Doce Jesus! Ó, Jesus, nosso mestre, derrama sobre nós todo o Teu amor imenso! Carrega, carrega, carrega Teus raios sobre a Terra e sobre os humanos. Transpassa-nos, banha-nos, multiplica tuas ondas de amor ao infinito!

EU SOU, EU SOU, EU SOU.

Nós Te agradecemos, doce Jesus, nosso Mestre.

2

EU SOU, EU SOU, EU SOU.

Eu Sou a lei do Amor Divino de Jesus pela humanidade que dissolve toda discórdia e todo sofrimento.

12. Extraídos do *Livro de Apelos*, Tola Gynska - Marysia Fontoura Leinz, vol. I, Vahali-Brasil, 1997.

EU SOU, EU SOU, EU SOU.

3

EU SOU, EU SOU, a lei da paz vitoriosa e eterna de Jesus Cristo para a Terra, que nada nem ninguém poderá impedir.

Relacionamentos

"Embora sigamos por caminhos diferentes, somos muito parecidos quanto aos anseios e necessidades. As dificuldades também são iguais, mas cada pessoa é única, portanto não nos encontramos por mero acaso, afinal cada qual a seu modo tem sempre algo a oferecer e, principalmente, a ensinar".

Relacionar-se com quem quer que seja não é algo tão fácil quanto parece, principalmente porque cada pessoa é única dentro de cada relacionamento.

Em todo o mundo, ninguém é igual a ninguém, fisica ou emocionalmente. Cada pessoa tem uma maneira de ser, pensar, agir e reagir.

Este mundo complicado em que vivemos é assim justamente porque nós como humanos o complicamos. Começamos a complicar nossos relacionamentos quando resolvemos "rotular" as pessoas e os próprios relacionamentos. Antes de sermos humanos, de carne e osso, somos espíritos, temos almas, cada uma com seus direitos e deveres. Vamos parar de rotular e vivenciar o instante de cada relacionamento, que, não por acaso, tem a sua razão de ser e acontecer. Não nos importa se estamos com a alma y, w ou z, gêmea, companheira ou cármica, o que realmente importa é a maneira como vivenciamos nossa relação com cada uma delas. Como almas, temos de trabalhar nossos relacionamentos com todas as almas. Vamos amar cada uma da forma que é, e não como gostaríamos que fosse. Viver cada relacionamento como único. Deixar o passado para trás, ignorar o futuro que ainda está por vir e dar mais importância ao presente, o tempo exato em que estamos criando nosso futuro, que embora nos pareça tão distante, quando menos esperamos surge diante de nós.

Preste atenção como o tempo está acelerado, parece que foi ontem que estávamos na maior expectativa com a chegada do ano 2000 e olhe onde já estamos. Voou, não? Se você reclama do seu presente, está triste porque tudo não acontece como você gostaria, lembre-se de que neste exato momento você está plantando a semente do fruto que colherá amanhã. Se espera ser feliz lá na frente, procure ser feliz agora, pois quando estamos felizes tudo se abre para nós, flui naturalmente. Se fazemos a nossa parte para que outras pessoas sejam felizes, obviamente seremos recompensados por uma enorme felicidade. Se estamos tristes, causando sofrimentos e tristezas às pessoas, teremos de nos contentar com a dor da nossa infelicidade, que muito em breve recairá sobre nós. Como seres humanos, ninguém é perfeito. Se assim fosse, não estaríamos aqui tendo esta experiência humana. Temos falhas a corrigir e sabemos que a correção não surge de uma hora para outra, é um processo que depende de cada um. Conforme a vontade e o esforço, pode ser rápido ou prolongado. Se assim é, da mesma maneira que as pessoas nos aceitam como somos, com defeitos, falhas e erros, também temos de aprender a aceitá-las como são. Uma pessoa pode ter milhões de imperfeições, mas com certeza, ela tem uma qualidade que compensa todas elas. O nosso mal é ver sempre os defeitos, nunca as virtudes.

Quem quer ser feliz nas suas relações tem de aprender a crescer em espírito, pois só uma alma que busca sua maturidade é capaz de ver a grandeza e a importância de cada alma que está a seu lado.

Como pode alguém reivindicar sua felicidade, se não

dá a si próprio esse direito?

Lembre-se de que o amor verdadeiro liberta, não escraviza. Aprenda a amar e encontrará o verdadeiro amor. O amor que cura, enobrece, realiza as mais belas magias no nosso dia-a-dia e nos torna realmente felizes.

Se quer continuar tendo momentos alegres, permaneça na sua trajetória, mas se quiser ser realmente feliz, está na hora de mudar o caminho.

Quando o amor acenar, siga-o

ainda que por caminhos ásperos e íngremes.
E quando suas asas o envolverem, renda-se a ele
ainda que a lâmina escondida sob suas asas possa feri-lo.
E quando ele falar a você, acredite no que ele diz,
ainda que sua voz possa destroçar seus sonhos,
assim como o vento norte devasta o jardim.

Pois, se o amor o coroa, ele também o crucifica.
Se o ajuda a crescer, também diminui.
Se o faz subir às alturas e acaricia seus ramos
mais tenros que tremem ao sol, também o faz descer
às raízes e abala a sua ligação com a terra.

Como os feixes de trigo, ele o mantém íntegro.
Debulha-o até deixá-lo nu.
Transforma-o, livrando-o de sua palha.
Tritura-o, até torná-lo branco.
Amassa-o, até deixá-lo macio;
e então o submete ao fogo para que se transforme
em pão no banquete sagrado de Deus.
Todas essas coisas pode o amor fazer
para que você conheça os segredos do seu coração,
e com esse conhecimento se torne um fragmento
do coração da vida.

Khalil Gibran (O Profeta)

A maior e mais bela iniciação

De todas as iniciações, a mais difícil é a do amor: ora nos leva ao ápice da felicidade, ora nos leva à mais profunda tristeza. Falamos aqui do amor terreno, não do espiritual.

Muitas vezes, na busca do amor, vivemos num mundo de ilusões, criadas pelas armadilhas do destino, onde tudo pode ser criado e recriado, principalmente nos dias de hoje, quando parece que foi dada a largada e todos correm para ver quem encontra sua alma gêmea. Esquecem-se de que nessa busca do amor eterno, relacionamentos de suma importância são ignorados, desfeitos antes mesmo de ser resolvidos. E se nesse ínterim surgir a tão almejada alma gêmea, será difícil permanecer ao lado dela, pois ainda existem assuntos pendentes, relacionados ao relacionamento mal acabado, a ser resolvidos. Ninguém consegue ser feliz em cima da infelicidade de outro.

O amor verdadeiro não ocorre de uma união de corpos, mas de uma comunhão de corpo e alma.

Lembrando que cada um de nós é um ser totalmente diferente, cada qual com seu próprio caminho e um plano divino delineados, com a tarefa de desenvolver algo diferente em sua evolução.

As pessoas que estão a nossa volta seguem seus destinos e consideram de suma importância aquilo que querem conseguir. Portanto, devemos aceitar cada pessoa tal como ela é. Em hipótese alguma devemos tentar modificá-la, mesmo que tenhamos a certeza de que segue por uma direção errada. Cada caminho é necessário para seu crescimento espiritual.

Enquanto o amor incondicional não se manifestar, sempre surgirão problemas. Quando deixamos o amor caminhar livremente, tornamos o mundo mais harmonioso, pois não existe força alguma que possa resistir ao amor.

Uma pessoa não pode somente se preocupar em receber amor, ela precisa aprender a doar, a extravasá-lo sem limites nem distinção de pessoas. O amor não deve ser dirigido somente a uma determinada pessoa, pois no mundo há milhares de seres necessitando de amor. Quando Jesus disse:

Amai-vos uns aos outros",

Ele quis afirmar:

"Amem sem distinção".

Na realidade a tarefa mais difícil não é encontrar a "alma gêmea", mas incentivar o amor onde quer que estejamos e com quem nos encontremos.

A *Bem-Amada Mestra Nada* fala:

(13) "Solucionai vossos problemas com a força e o poder de amar, impes-soalmente, a vida presente no seu todo, e nada poderá opor a resistência ao Amor Divino. Irradiai amor. Esforçai-vos para amar aqueles que não vos são simpáticos. Amar deverá ser tão natural como tudo que desempenhais em vossa vida.

Insisto em dizer que o Amor deverá ser a lei de vossa vida e somente então ela irá confluir na caudalosa energia da perfeição. Sem amor, não existe qualquer conclusão feliz".

13. *Discurso da Amorável e Ascensionada Mestra Nada*, Ponte para a Liberdade.

No caminho...

Se cada um de nós procurar expandir a força do amor e da paz em cada relacionamento, conseguiremos"aumentar o Bem sobre a Terra". Quando atingirmos essa meta, em nosso mundo não mais haverá nenhum tipo de carência.

Cada um de nós tem sua alma gêmea, em algum lugar do universo. Tanto ela pode estar agora ao nosso lado, como, por várias razões, pode não estar. Ela pode estar ao lado de uma outra pessoa ou mesmo não se encontrar aqui na Terra e pode também ter optado por nos auxiliar de onde está.

As pessoas em geral dizem que querem muito encontrar suas almas gêmeas, mas se elas já se encontraram em outras ocasiões, em outras vidas, o que ocorrerá é o reencontro, que se dará na hora marcada. Lembre-se: *"Não cai uma folha de uma árvore sem que Deus permita"*.

Muitos de nós criamos um mundo de ilusões em torno de nossa alma gêmea. Acreditamos que quando ela surgir, nossa vida será maravilhosa, perfeita, um sonho real. De acordo com algumas pessoas, alma gêmea não é aquela que vem com uma faixa escrito: "Cheguei, acabaram-se os seus problemas. A partir de agora sua vida será um mar de rosas", mas sim aquela que vem para nos fazer crescer em todos os níveis, nem que para isso tenha de nos dar um remédio amargo. Muitas vezes, nossa alma gêmea é aquela que menos desconfiamos que seja, alguém que desprezamos e com quem brigamos o tempo todo. Ela pode ser nossa maior inimiga, por que não? Afinal, nossos maiores mestres, são os nossos "inimigos". E muitas vezes:

"O objeto de nossa afeição pode ser apenas o parceiro destinado para a encarnação atual, ou a pessoa que nos atraiu o olhar (e o coração) pode ter sido o grande amor de nossas encarnações anteriores".

Thomas Ulrich

Não é fácil encontrar a alma gêmea como andam dizendo. Longo e árduo é o caminho para que esse encontro se realize.

"Aqui na Terra, apenas aqueles que estão totalmente despertos, num sentido espiritual, são capazes de saber com certeza se seu companheiro terreno é idêntico à sua outra metade eterna".

Bo Yin Ra

(14) "Quando uma pessoa se desenvolve interiormente e está intimamente preparada para encontrar sua alma gêmea, então – mais cedo ou mais tarde – esse companheiro tão ansiado certamente aparecerá.

A procura compulsiva dessa alma gêmea no mundo exterior é inútil. Aqueles que se dedicarem a este projeto fútil acabarão chegando à sensata conclusão de que a intensa busca foi inútil e, em última análise, frustrante. Por outro lado, quando a pessoa se prepara intimamente para o encontro com sua alma gêmea, ele ocorrerá naturalmente, com certeza".

Deixo aqui algumas orações que irão ajudar a amenizar a distância que há entre vocês e a espera de reencontrá-la.

Oração pelo(a) companheiro(a) perfeito(a) [15]

Eu Sou um (a) filho(a) de Deus puro(a) e perfeito(a), porque fui criado(a) à Sua imagem e semelhança.

Neste mesmo instante, há uma pessoa que anseia ser meu (minha) companheiro(a), e que sabe apreciar o que Eu Sou.

A lei do bem absoluto está atraindo a mim essa pessoa, o espírito de Deus é a suprema atração do universo, e Eu Sou

14. Do livro *Feitos um para o Outro – Almas Gêmeas na Ficção e na Vida Real*, Thomas Ulrich, Editora Pensamento.

15. Do *Livro de Decretos, Grupo de Avatar,* J. Milton's Editora e Distribuidora Ltda.

parte integrante desse espírito em manifestação.

Em meu desejo de ter um(a) companheiro(a), não existe egoísmo algum de minha parte, já que em minha consciência existe somente o amor de Deus, que não conhece o egoísmo.

Preparo-me agora para a chegada de meu (minha) companheiro(a), porque minha palavra põe em movimento a lei imutável do amor divino, e olho para frente com fé e esperança.

Abro minha mente e meu coração para receber de braços abertos a chegada de meu(minha) companheiro(a), de acordo com a vontade de Deus.

Eu Vos agradeço, amado pai, pelas muitas manifestações de vosso infalível amor, que sempre me consolam e sustentam, fazendo-me compreender que nunca estou só.

Oração das almas gêmeas [16]

Senhor, imploro que minha alma gêmea
reconheça-me pelo olhar, pelo toque, pelas mãos,
sabendo que reencontrou a metade do seu ser,
e que diante disso assuma integralmente nosso amor.
Sei que somos merecedores desse momento mágico,
Ó Pai Amado! Peço que a fusão harmoniosa
de nossos corpos, almas e espíritos seja imediata e plena.

Que nossa vibração acalme, cure e ilumine
os que estão na nossa faixa de irradiação de amor
e que unidos, almas gêmeas e irmãos,
possamos transformar o mundo em que vivemos.

Minha alma gêmea e eu agradecemos
a sua infinita bondade, ó, Senhor,
e pedimos a vossa bênção.
Assim seja.

16. Do livro *Almas Gêmeas em Busca da Luz*, Dulce Regina, Encontro de Luz, 1997.

Chamas gêmeas [17]

Eu Sou um ser do Fogo Violeta
Eu Sou a pureza que Deus deseja!
A minha chama gêmea
é um ser de Fogo Violeta.
A minha chama gêmea
é a pureza que Deus deseja!

Eu e a minha chama gêmea
somos um ser de Fogo Violeta.
Eu e a minha chama gêmea
somos a pureza que Deus deseja!

17. Do livro *A Busca da Unidade com a Chama Gêmea*, Elizabeth Clare Prophet, Século XXI, 1994.

Os tipos de almas e como se dá o relacionamento entre elas

(18) *Busquei-te nas ondas do mar, nos grãos de areia, em cada pedra da beira da estrada, no olhar de cada ser que cruzou o meu caminho, no vazio de cada alma, no infinito do espaço sem fim, na luz faiscante de cada estrela, em todos os pontos cardeais.*
Onde estás?"
ÉLCIO SOUTO

Almas Gêmeas

O relacionamento de almas gêmeas nem sempre se dá entre casais, marido e mulher. Algumas vezes ele acontece entre mãe e filho, pai e filha, irmã e irmão, tia e sobrinha e também entre pessoas do mesmo sexo. Por isso, há muitos casais homossexuais, e diga de passagem vários deles vivendo melhor que muitos casais heterossexuais.

É raro o casamento entre almas gêmeas. Segundo estudiosos, 90% dos casamentos são processos de correções, ou seja, cármicos. Por isso, vemos tantos casamentos acontecerem na explosão do ápice da atração e poucos meses depois se desfazerem. Muitas vidas podem ser necessárias para que se encontre a alma gêmea. É bom

18. Extraído do livro *Vozes no Jardim da Alma*, Élcio Souto, Editora Mystic, 2002.

sonhar e acreditar, mas temos de ter cuidado para não nos iludir. Sejamos realistas: alma gêmea não se encontra assim tão facilmente quanto se diz por aí. Antes elas precisam alcançar seu crescimento individual, encontrar seu caminho espiritual, pois o amor entre almas gêmeas é espiritual, não físico. As pessoas estão confundindo almas gêmeas com almas companheiras. O fato de alguém ter um bom casamento, ser feliz com a pessoa que está ao lado, não significa que está com sua alma gêmea. Pode-se passar muitas vidas sem que se encontre a alma gêmea. No momento exato e propício para ambas, o encontro acontecerá. Mas isso não quer dizer que estejam separadas, elas estão interligadas mesmo que seguindo por caminhos diferentes. Não existe distância entre elas, porque mesmo separadas estão juntas. Uma pista evidente de almas gêmeas é a forte telepatia que há no relacionamento, elas pensam no mesmo instante sobre um determinado assunto. Quase sempre quando uma diz algo, a outra fala ou finaliza a frase. Uma sente o mesmo que a outra. É como se estivessem ligadas por um fio invisível. Se uma está alegre, a outra também está. Todos os sentimentos de uma são captados pela outra, sejam eles de paz, amor, alegria, esperança, ansiedade, tensão, preocupação, frustração... saudade. Às vezes, os sentimentos inexplicáveis que uma pessoa sente – como uma alegria que surge do nada, uma angústia profunda, que nao melhora não importa onde a pessoa vá ou com quem esteja, um aperto no peito que sufoca – são energias que estão sendo emitidas pela outra metade. Quantas vezes ouvimos as pessoas dizerem que sentem saudade e não sabem de quem, nem de onde, nem de que época?

(19) "De acordo com a lei de que os semelhantes se atraem, toda a energia que emitimos percorre o circuito que nos liga às nossas chamas gêmeas – ajudando-as ou dificultando a sua senda para a integridade.

---

19. Do livro *Almas Companheiras e Chamas Gêmeas – A Dimensão Espiritual do Amor e dos Relacionamentos*, Elizabeth Clare Prophet, Nova Era.

Quando expressamos amor ou esperança, estas virtudes elevarão as nossas chamas gêmeas. Mas, se nos sentirmos tristes, frustrados ou zangados, as nossas chamas gêmeas também sofrerão a pressão desses sentimentos desarmoniosos.

Às vezes, sentimos alegria ou tristeza sem motivo aparente, mas é porque estamos captando na nossa consciência o estado emocional da nossa outra metade".

Almas gêmeas muitas vezes têm de trilhar seus caminhos sozinhas, pois há assuntos que precisam ser resolvidos, como dívidas que adquiriram com outras pessoas e precisam ser quitadas, antes de ficarem juntas. Pois almas gêmeas também contraem carmas, em várias encarnações, com outras pessoas que precisam ser resgatados.

No livro *Vozes no Jardim da Alma,* Editora Mystic, *Élcio Souto,* afirma:

"Quando se reconhece a alma gêmea, a espera é longa e difícil".

Todo ser tem uma alma gêmea em algum lugar do universo, trabalhando cada uma por si própria para crescer em consciência, que é o verdadeiro objetivo da vida. Enquanto uma pessoa não merecer conhecer sua alma gêmea, não adianta nem procurá-la, porque é bem melhor não conhecê-la do que sofrer as conseqüências desse encontro.

Hoje, há muita ilusão e confusão sobre o tema, justamente porque nada se sabe a respeito dele. Alma gêmea não é bem aquilo que andam dizendo por aí, 'a boazinha', aquela que vem para resolver todos os problemas. Quando chega, ela vem colocar a casa em ordem, impulsionando e cobrando.

A alma gêmea é aquela que nos faz engolir o remédio amargo para crescermos. É ela que nos encaminha à iniciação nos mistérios menores do fogo sagrado. Por isso, muitas vezes, quando uma pessoa não está bem preparada para essa nova realidade, ainda é melhor viver o sonho do que a realidade".

Elizabeth Clare Prophet, no livro *Almas Companheiras e Chamas Gêmeas – A Dimensão Espiritual do Amor e dos Relacionamentos,* diz:

"A chave para transmutarmos ou alterarmos este carma do passado e cumprirmos a nossa missão com a nossa chama gêmea é usarmos a chama violeta, uma energia espiritual que Deus deu ao homem para a sua aceleração no início da era de Aquário.

Esta ação do Espírito Santo transforma a energia negativa – a raiva em amor, a irritação em paz, a desconfiança em confiança – para que possamos ser uma influência positiva na vida dos que nos rodeiam, enquanto trabalhamos para a nossa vitória final na senda espiritual.

Ao vizualizarmos e invocarmos a chama violeta para que atue na nossa consciência, ela, instantaneamente, começa a transformar os antigos padrões de energia negativa que acumulamos por milhares de vidas. Começamos, então, a ter sentimentos de alegria, leveza e esperança. É como se toda a nossa consciência estivesse sendo mergulhada numa solução química de um líquido de cor púrpura, capaz de dissolver todo o carma acumulado por muitos séculos".

Elizabeth Clare Prophet, diz:

"A idade física não tem nenhuma relação com a idade da alma. Almas gêmeas têm a mesma idade, pois foram criadas juntas, no princípio, a partir 'do corpo de fogo branco' do Todo Divino".

Algumas pessoas dizem que possuímos várias almas gêmeas, mas continuo afirmando que temos uma única alma gêmea.

Almas gêmeas podem ou não reencarnar na mesma época, como podem também a vir a se reencontrar e optar por viverem separadas.

De nada adianta ficar andando à procura da alma gêmea, é pura perda de tempo. Se ambas saem à procura, vão ficar rodando, relacionando-se com outras, adquirindo carmas e dificultando mais ainda esse reencontro. Não importa onde você está, se essa união tiver de acontecer, nada nem ninguém impedirá. E quando isso acontecer não pense que foi coincidência, pois coincidência não existe, o que existe é o sincronismo do universo. Deus é matematicamente perfeito, por isso o encontro será inesperado e se dará onde você estiver.

Dê tempo ao tempo. Não tenha pressa. Sua existência como ser humano pode ser breve, mas como espírito você tem toda a eternidade.

Almas gêmeas se unem quando estão vibrando na mesma sintonia, e o reconhecimento é instantâneo. É importante lembrar que o casamento de almas gêmeas não será perfeito se elas se encontrarem antes de corrigirem os erros praticados com outras pessoas, em vidas passadas. Poderá haver discussões, brigas, desentendimentos e até ruptura entre elas. Mas tudo de acordo com o processo de crescimento individual e evolução espiritual de ambas.

(20) "Podemos acelerar o nosso progresso espiritual invocando, em orações, meditações e decretos dinâmicos, a Presença do Eu Sou para estabelecer o contato interno de coração com a nossa chama gêmea. Para isso, podemos usar a seguinte invocação:

Em nome do Cristo, invoco a Presença do Eu Sou das nossas chamas gêmeas para que se unam firmemente aos nossos corações para a vitória da nossa missão em prol da humanidade.

Invoco a luz do Espírito Santo para que consuma todo o carma negativo que esteja limitando a expressão total de nossa identidade divina e da nossa realização do nosso plano divino.

Ao fazermos este pedido, mesmo que estejamos vivendo num nível diferente daquele de nossa chama gêmea, podemos nos unir espiritualmente a ela nos planos superiores e enviar luz para o nosso mundo e para o mundo da nossa chama gêmea, redimindo o carma que tenhamos com ela. Esse contato interior amplia a luz e o desenvolvimento que cada uma das partes possui, e liberta o gigantesco poder do amor entre elas, fazendo com que possam se resguardar das dificuldades que sempre se apresentam para aqueles que defendem o amor".

Dizem que geralmente o segundo casamento acontece

20. Do livro *Almas Companheiras e Chamas Gêmeas – A Dimensão Espiritual do Amor e dos Relacionamentos*, Elizabeth Clare Prophet, Nova Era.

com a alma gêmea. É óbvio que no segundo casamento trazemos as experiências do primeiro, sabemos onde erramos e onde acertamos, portanto essa bagagem adquirida na aprendizagem do primeiro casamento será benéfica para a construção de um casamento mais perfeito, mas isso não quer dizer que estamos com nossa alma gêmea. Quem quer um dia estar ao lado de sua alma gêmea deve aprender a trabalhar-se melhor em todos os relacionamentos: afetivo, familiar, de amizades, profissionais. Tem de agir amorosamente com seu semelhante, independentemente de quem seja e qual seja a razão de estar junto a essa pessoa.

Companheiras

> (21) *Almas companheiras se reúnem para aprender a ter mestria sobre um mesmo tipo de carma e para desenvolver as energias de um mesmo chacra".*

Por várias encarnações já desfrutaram a companhia juntas. Retornam próximas por afinidades, pelo comprometimento de trabalharem juntas em algo de suma importância, para o progresso de ambas ou mesmo para acertarem dívidas que fizeram e, conseqüentemente, terão de ser resgatadas. Podem não estar no mesmo nível de evolução, mas há uma enorme afinidade, sintonia entre elas.

Almas companheiras podem vir de várias maneiras, como irmãs, primos, pai e filho, avó e neta, mãe e filho, professor e aluno, patroa e empregada, treinador e esportista, produtor e cantor, atriz e ator... Artistas que contracenam inúmeras vezes e estão sempre juntos em trabalhos diversos com certeza são almas companheiras. Podemos também encontrar nesse grupo vários casais. Eles podem optar por ficar juntos por um breve período de

21. Do livro *Almas Companheiras e Chamas Gêmeas – A Dimensão Espiritual do Amor e dos Relacionamentos*, Elizabeth Clare Prophet, Nova Era.

tempo ou seguir adiante até que cada um cumpra sua missão, vindo a se separar somente com a morte de um deles. Há também casos de almas companheiras que morrem juntas num acidente.

Almas companheiras se auxiliam mutuamente. Uma apóia a outra, ajudam uma a outra a lidar com as lições, na superação do carma ou nas experiências pelas quais têm de passar em determinados períodos de suas vidas.

Missionárias

A meta de cada um de nós é atingir a perfeição. Queiramos ou não, esse é o objetivo principal de cada vida. Há pessoas que evoluem rapidamente, outras devagar. Tudo dependerá exclusivamente de cada uma, sobretudo da sua vontade, empenho e dedicação. De acordo com o processo e o grau de evolução, algumas almas já atingiram sua maestria, estão em outros planos, superaram suas imperfeições e eliminaram seus carmas negativos. São almas despreendidas, generosas, de sentimentos e atitudes nobres, altruístas.

As almas missionárias quando encarnadas trabalham em prol da humanidade, auxiliando amorosamente os que sofrem devido a seus carmas negativos, por ignorância ou pobreza de espírito.

Geralmente, encontramos essas almas como educadores, religiosos, pesquisadores, filósofos, profetas, escritores. Muitas delas estão no meio artístico.

A alma missionária é solitária, vive sua vida em função de levar paz, aliviar a dor e o sofrimento das pessoas. *Madre Teresa de Calcutá, Chico Xavier, Frei Damião* e *irmã Dulce* são exemplos de almas missionárias.

A maioria das almas missionárias tornam-se santos ou santas.

Almas missionárias são seres iluminados que sacrificam a própria vida em benefício da humanidade.

Exercem plenamente o amor incondicional. Não sabem fazer outra coisa além do bem.

Ardentes

São almas fortemente ligadas pelo desejo. Existe uma enorme ligação física entre elas. O relacionamento é baseado no sexo. A relação é meramente carnal, não espiritual. A atração física entre elas é incontrolável. Pode ser que tenham os mesmos interesses, estilos de vida bem parecidos, a mesma profissão e até a mesma religião. Se isso acontecer, a relação pode ser mais duradoura que o previsto, contanto que consigam controlar o egoísmo, o ciúme doentio e a possessividade que um sente em relação ao outro. Brigas são comuns entre elas, mas sempre se resolvem na cama. O sentimento é tão intenso quanto a atração física. Não conseguem ficar separadas, devido à dependência que há entre elas. Essa relação pode tornar-se muito perigosa, com alto índice de violência. Essas almas precisam aprender a controlar seus impulsos e a equilibrar seus sentimentos para tornar a relação mais saudável e durável.

(22) "O sexo é a plena expressão da lei da polaridade dividida em masculino ou feminino, e se manifesta em todos os planos. Sendo divino, o sexo é a forma através da qual acontece a regeneração, a ressurreição, o renascimento e a geração de todas as coisas. O abuso do sexo prejudica o desenvolvimento da alma porque trabalha com a parte meramente emocional e física dos sentidos, e muito pouco com a kundalini divina. Para um perfeito equilíbrio na utilização da energia sexual, é necessário bom senso e, principalmente, respeito, porque é uma energia ligada diretamente à geração das espécies. Por isso se diz que Deus é Criador. O sexo faz parte da grande batalha da atração e da repulsão, que é uma das molas propulsoras da vida. A lei da vida produz efeitos cíclicos e se manifesta através do amor, sendo o resultado direto da atividade da

22. Do livro *Endoísmo – Uma Filosofia de Vida que Fala de uma Grande Paixão; o Amor de Deus pela Humanidade e da Humanidade pelas Coisas Sagradas*, Élcio Souto, Editora Mystic.

matéria e da vontade do espírito. Basicamente toda a forma contém uma vida latente ou em potencial. E toda a vida tende a se unir ou comungar com outra similar pela ação da lei da polaridade, através da qual o pólo negativo atrai o positivo, e vice-versa. Essa lei de atração e repulsão, da qual o sexo é meramente a parte física ou menor, descreve fundamentalmente a força compulsiva de atração entre dois seres de polaridades diferentes. Astrologicamente, o sexo é a plena manifestação da força do amor divino regido por Vênus e representa a expressão do princípio feminino em sua plenitude total. Já o planeta Marte, que representa a combatividade, a coragem e a confiança, exalta o instinto sexual e os instintos materiais sob o aspecto do pólo positivo ou masculino. Num plano mais elevado, o sexo representa a união da matéria com o espírito através da lei da coesão, ensejando o pleno desenvolvimento da alma em seu invólucro carnal. Simboliza também a atração entre diversas parte do todo. O sexo é o desejo e a atração para Deus, o fascínio da matéria pelo espírito. Por tudo isto, o sexo é considerado como um sacramento, já que promove basicamente a unificação do macho e da fêmea para produção das formas e prosseguimento da vida em evolução. A energia sexual não pode simplesmente ser inibida ou utilizada sem restrições, mas deve, sim, ser sublimada, já que a repressão pura e simples não é solução verdadeira. A sublimação envolve o uso da energia sexual numa tentativa criativa, de modo a ser canalizada para os propósitos divinos, para os quais ela existe. Quando o indivíduo é iniciado nos mistérios ocultos, nos augustos mistérios da mãe natureza, duas perguntas iniciais são feitas a ele: o que é vício e o que é virtude. Para o vício, a resposta é simples: sexo, por que nele é que existe a sede do vício. O sexo é a sede da mente. Quase todos os vícios existentes na sociedade humana atual têm origem de natureza sexual. O próprio indivíduo que rouba não o faz simplesmente para se alimentar, mas sim para satisfazer emoções das quais o sexo é a mais elevada de todas. Por isso, na raiz, ou na ponta de baixo da estrela da sabedoria, está a ponta do vício, que congrega todos os lados negativos do ser humano. Por esse motivo é que o sexo foi transformado em tabu, e toda a sociedade moderna explora a questão erótica, quando na realidade a verdadeira natureza do sexo é criadora. Enquanto o indivíduo encarar o sexo apenas no sentido erótico, fruto do aspecto egoístico de sua personalidade, estará cultuando a separatividade. Tanto isto é verdade que normalmente o sexo é feito à noite, e "às escondidas". Por isto, é preciso que o ser humano esclarecido possa trabalhar o sexo no seu lado virtuoso e elevado, a fim de que possa progredir em sua caminhada espiritual, aprendendo a construir com o seu órgão de reprodução".

Passageiras

São aquelas que passam por nós em tempo recorde. Com elas temos algo a aprender ou ensinar. Tanto podem ser do sexo oposto como do mesmo sexo, pois para se obter aprendizado não há necessidade de sexo. Podemos aprender ou ensinar alguma coisa num ponto de ônibus, na fila do banco, na fila de supermercado, no caixa de uma loja, num posto de gasolina, na academia, na manicure e em muitos outros lugares. Muitas vezes o ensinamento transmitido é tão profundo que o levamos para sempre conosco e o colocamos em prática no nosso dia-a-dia ou quando se faz necessário. Mesmo que nunca mais reencontremos a pessoa, ela permanece em nossa lembrança.

Nem sempre os ensinamentos nos vêm de forma agradável. Muitas vezes, eles nos chegam de forma rude, mas nem por isso devemos reagir na mesma moeda.

Nesse grupo, pode ocorrer um envolvimento afetivo, mas este durará muito pouco, podendo tanto ser muito bom como horrível. Não dizem que para se obter alguma cura às vezes é necessário tomar um remédio amargo, intragável?

Em todo o tempo de nossa vida, quantas pessoas não conhecemos? E quantas delas não ficaram por pouco tempo ao nosso lado? Quantas ficaram junto de nós por um período bastante curto e nunca mais as vimos, mas também nunca mais as esquecemos?

Algemadas

Quem nunca ouviu alguém dizer, que tal pessoa vive

uma vida péssima com alguém, mas não consegue deixá-lo?

A pessoa está presa por alguma razão, que ela mesma desconhece, faz de conta que não sabe ou, se sabe, não consegue se libertar. Quanto mais quer se ver livre, mais difícil torna-se essa libertação, não consegue de jeito nenhum, por mais que queira. Parece que está acorrentada, sofre e faz a outra sofrer, mas mesmo assim permanece junto dela e ainda causa transtornos nas vidas de outras pessoas próximas.

Como no caso que já relatei no livro *Invocações aos Anjos Cabalísticos* :

"Cada pessoa vive a vida que tem que ser vivida, nada é por acaso. Quando você se envolve, numa situação, que não lhe pertence, você acaba adquirindo uma parcela desta situação, até mesmo, fortalecendo um elo cármico com as pessoas envolvidas, sem necessidade.

Outro dia, conversando com uma conhecida, no meio da conversa, ela me contou a sua história: num carnaval ela se envolveu com um rapaz, que tinha um compromisso sério com uma moça. O relacionamento dele era péssimo, mas não conseguia se desligar. Muitos comentavam que a pessoa com quem ele estava fazia feitiçaria para ele, razão pela qual ele estava preso a ela. Foi então que ela, a moça que me contava a história, querendo "ajudá-lo", resolveu sair à procura de ajuda. Foi a todos os cantos, gastou o que tinha e o que não tinha, até que com muito custo conseguiu o que tanto queria, separar o rapaz da tal moça. Ela ficou com o rapaz, mas só Deus sabe o que passou com ele. Se ela achava que era infeliz sem ele, descobriu que a sua maior infelicidade foi ficar ao lado dele.

Veja bem, ela forçou uma situação que provavelmente não era para acontecer, desrespeitou o livre-arbítrio que Deus concedeu a cada um de Seus filhos. Não devemos nos esquecer de que não cai uma folha de uma árvore sem que Deus permita. Tudo tem a sua razão de ser e o tempo necessário para acontecer. Tudo o que tem que acontecer, acontece. Se você quer muito uma coisa e ela não acontece, espere pelo tempo certo, jamais antecipe um aconte-

cimento fora de hora, pois os prejuízos podem ser enormes".

Geralmente, numa relação forçada por "magias", ocorrem inúmeras brigas provocadas por bobagens, o casal se agride diariamente, o respeito entre eles desaparece enquanto as ofensas tomam a frente. A parte atingida pela magia não suporta mais a pessoa que a enfeitiçou, tudo nela a irrita, não agüenta mais vê-la nem ouvi-la, sente uma certa repugnância pela pessoa, pode até desconfiar ou mesmo saber que está enfeitiçada, mas não consegue deixar a pessoa que tanto a incomoda.

Esta relação é sempre desastrosa e traz conseqüências dolorosas, pois ambas acabam adquirindo karmas terríveis não somente entre elas, mas com as famílias envolvidas, com todas as pessoas que de alguma maneira tomam partido de uma das partes. Além de criarem, desequilíbrio no emocional dos filhos, se os tiverem. Ou seja, colocam mais um desajustado no mundo e depois não sabem porque o mundo está da forma que se encontra. É muito triste saber que no mundo há pessoas com capacidade para tudo. E sem consciência de que elas sempre serão as maiores prejudicadas pelas suas próprias maldades.

Relação Virtual

É interessante o uso da tecnologia para se travar conhecimentos e fazer amizades.

Acho tudo maravilhoso no que se refere à modernidade, às facilidades que temos graças ao avanço da tecnologia. Respeito a escolha de cada um, mas acho que sou do tempo antigo e, pessoalmente, prefiro o contato pessoal. Olhos nos olhos e a reação química que há entre as pessoas.

Se almas gêmeas se reconhecem por meio do olhar, sendo os próprios olhos espelhos de nossas almas, num único olhar podemos reconhecer, mesmo que inconscientemente, a importância de cada pessoa a nossa frente. Afinal, os olhos falam, expressam o sentimento de uma pessoa, um único olhar diz tudo que milhões de palavras desmentem. Os olhos nunca enganam, são verdadeiros. Podemos usar as palavras como bem queremos e nem sempre o que dizemos é a verdade que há em nós.

Muitas pessoas entram nos sites para encontrar uma companhia, mas outras o fazem para se divertir.

Quantas de fato são verdadeiras?

Inicialmente muitas pessoas escondem sua real identidade e nunca se sabe quem de fato está do outro lado.

Como podemos saber se a pessoa está sendo sincera, verdadeira conosco? É difícil, não?

Bem, mesmo que alguns dias ou meses depois a pessoa revele de fato quem é, o que faz, qual é sua idade, seu estado civil, de onde é, terá sido um relacionamento que se iniciou em cima de mentiras ou omissões, ainda que necessárias para sua própria segurança. Mas se isso aconteceu, já é prova que é algo que não nos passa tanta segurança.

Outro dia, conversando com uma amiga, surgiu o assunto do avanço da tecnologia. Tudo começou com uma cena vista na fila de um banco. Um senhor simples, mas que parecia ter muito dinheiro, como de praxe, foi fazer o depósito do dinheiro que tinha ganho no dia anterior. Depois de enfrentar uma longa fila, foi informado pelo caixa do banco que agora eles não recebiam mais ali, que todos os depósitos deveriam ser feitos nos caixas eletrônicos. O caixa, muito atencioso, pegou o envelope e explicou minuciosamente ao senhor como deveria proceder. O senhor, calado, ouviu com atenção e, no final, educadamente, devolveu o envelope e disse ao caixa: "Obrigado, vou a outro banco". Isso mostra que as pessoas têm a necessidade de manter esse contato com as outras, mas isso está ficando cada vez mais difícil. Estamos aprendendo com a tecnologia a nos relacionarmos com máquinas e não com pessoas. Direta ou indiretamente, estamos nos tornando robôs. Se nós mais jovens estamos sentindo, imagine os mais idosos.

Sem falar sobre o desemprego. Tira-se um pai de família para usar uma máquina. Depois ninguém compreende o aumento da violência, não sabem por que esta aumenta de forma extraordinária. Com os pais desesperados para manter seus filhos, pouco tempo sobra para eles, a educação vai para o espaço.

É a tecnologia! Até que ponto ela nos traz benefícios? Será que vale a pena viver os malefícios que ela anda causando nos relacionamentos?

Quero deixar claro que não tenho nada contra a tecnologia, usufruo até dos benefícios que ela proporciona, apenas não consigo entender o porquê de uma pessoa preferir se relacionar atrás de um monitor em vez de sair e conhecer as pessoas. Ora, se tiver de conhecer alguém do outro lado, de outro país, isso com certeza irá acontecer, se uma não tem condições nem oportunidades para ir até lá, a outra com certeza virá ao seu encontro. Afinal, nenhum encontro é casual e nenhum relacionamento sem razão.

Uma amiga me revelou estar muito feliz em seu relacionamento com um português que conheceu via Internet.

Embora haja a distância entre eles, estão sempre se comunicando por telefone. Ele já veio ao Brasil três vezes, e, nesses encontros, eles tiveram a nítida impressão de já se conhecerem (de vidas passadas).

Hoje, ele está separado e com dois filhos. Ela também é separada duas vezes e com dois filhos. Ela me disse que jamais em toda a vida imaginou que um dia seria feliz como está sendo no momento. Disse-me também que a relação deles é maravilhosa, o relacionamento dele com seus filhos também, parecem amigos de muito tempo. Todos estão muito felizes e pretendem ficar juntos e se dividindo entre Brasil e Portugal por causa dos negócios de ambos.

Bem, essa história é apenas para dizer que cada pessoa tem seu caminho para chegar ao seu destino.

Vamos aproveitar a oportunidade que a Internet nos dá de conhecer pessoas em todos os cantos do mundo, mas não vamos ignorar e abandonar o prazer de estarmos juntos, pessoalmente, fazer novas amizades e fortalecer as antigas. Saia de casa, deixe de ser acomodado, vá ao encontro das pessoas que estão, consciente ou inconscientemente, a sua espera.

Ligações Cármicas

Este tipo de relacionamento tem o propósito de transmutar o carma mútuo. É uma relação difícil, mas muito importante para desenvolver a mestria na senda espiritual.

No íntimo todos nós nutrimos o desejo de viver bem, de forma harmoniosa com todas as pessoas. Mas nem sempre nos é possível, há razões que desconhecemos, situações que não dependem somente de nós. Tudo podemos fazer para que esse desejo se torne realidade, mas não devemos nos esquecer que as outras pessoas têm seu livre-arbítrio, portanto elas escolhem o caminho que querem tomar. A opção de escolha é exclusiva de cada um.

Provavelmente, em vidas passadas cometemos algum mal em relação a elas. Estamos querendo nos corrigir e reparar os nossos erros, mas algumas nos concedem esta oportunidade, outras dificultam e como em toda ação existe uma reação, o carma negativo aumenta fortalecendo a nossa ligação, promovendo por inúmeras vezes o nosso reencontro, até que tenhamos reparado e eliminado o carma negativo, entre nós.

O sentimento de ódio une muito mais que o de amor, forma uma corrente com elos enormes e fortes, que devem ser quebrados, desfeitos para a nossa libertação.

Enquanto o ódio acorrenta, o amor liberta.

Dizem que as pessoas que nascem juntas, grudadas uma na outra, foram inimigas, almas que muito se odiaram, carregaram esse ódio por várias encarnações. Por isso, retornam dessa maneira, para que aprendam a se amar, pois bem sabemos que quem ama, perdoa.

Os nossos relacionamentos cármicos são os que mais devemos trabalhar. Portanto, precisamos aproveitar todas as oportunidades para o nosso crescimento, jamais para nos causar sofrimentos. Essas ligações cármicas podem acontecer nos nossos relacionamentos afetivos, familiares, de amizades, em qualquer tipo de relacionamento, mas o lugar mais frequente é no âmbito familiar.

Não há como fugir de uma situação desagradável, gerada por nós mesmos. Por mais que tentemos fugir, ela sempre se apresentará diante de nós, para que o problema possa ser enfrentado e eliminado por completo. Todos os vínculos de ressentimentos, mágoas e ódios devem ser eliminados, em qualquer relação, seja com uma pessoa com quem convivemos por muito tempo, seja com aquelas que são passageiras em nossas vidas.

É natural projetarmos nos outros nossos próprios defeitos. Pois é mais fácil enxergarmos nossos erros nas pessoas do que admitirmos nossas próprias falhas. Por isso, devemos evitar as críticas, pois quem muito critica nada produz, tem tempo de sobra para trabalhar contra quem faz alguma coisa. É preferível fazer pouco, do que nada fazer. *Santo Agostinho* afirmou:

> "Prefiro os que me criticam, porque me corrigem, aos que me elogiam, porque me corrompem".

Que a correção não seja somente para a pessoa criticada, mas, principalmente, para quem critica.

Um dia, uma amiga, me disse: *"Jesus passou por aqui e não agradou a todos, foi até crucificado, por que, então, temos a necessidade de de ser admiradas e amadas por todos?"* A questão não é ser amada, mas sim, o fato de que como humanos temos as nossas falhas a corrigir e como almas estamos aqui pela mesma razão que todos. Podemos não morrer de amores por uma determinada pessoa, mas devemos no mínimo respeitar a condição, a capacidade e o grau de evolução de cada uma.

Quando uma pessoa me fala que está triste, decepcionada com a atitude e a maneira cruel como foi criticada por alguém que muito admirava, eu digo: *"O que importa não é a forma como as pessoas a vê, mas a sua consciência e a essência que Deus vê em você".*

Quem somos nós para julgar as pessoas? Quem somos nós para nos colocarmos no lugar de Deus? Quem somos nós para apontarmos as falhas nos outros se nem mesmo corrigimos as nossas próprias falhas.

É mais fácil apontar o cisco nos olhos dos outros do que retirar o que dificulta a nossa visão.

Nas ligações afetivas, muitos carmas começam quando uma pessoa diz uma coisa que não agrada a outra, e esta por sua vez retribui, agressivamente. A partir daí, começam as agressões, elas usam palavras indevidas, duras e afiadas como a ponta de uma flecha.

A maioria das pessoas não aceitam sentir-se por baixo e acreditam que para mostrar sua superioridade, têm de se igualar ao nível baixo de quem as agride. *Descartes* disse:

"Eleva a tal ponto a tua alma que as ofensas não lhe cheguem".

Quando existe uma ligação cármica em qualquer relação, é preciso trabalhar muito para melhorar essa situação, evitando assim aumentar mais o carma ou envolver outras pessoas numa dívida que não pertence a elas e que elas não têm de pagar. Em geral, as piores ligações cármicas são entre casais, e outras pessoas acabam envolvidas, sendo que os familiares sempre tomam as dores daqueles do seu sangue. Uma desarmonia entre o casal que poderia ser resolvida a dois acaba virando um campo de batalha quando outras pessoas tomam partido e se envolvem.

Richard Bach escreveu:

"O tédio entre duas pessoas não provém de estarem juntas fisicamente e sim separadas mental e espiritualmente".

Algumas pessoas ficam juntas somente para se agredir, parece que esses momentos lhes trazem enorme satisfação, tudo é motivo para discordarem. Não entendo por que vários casais insistem em manter uma relação que já está falida e que os empurra cada vez mais, para o abismo. Sem falar daqueles que, direta ou indiretamente, são afetados por esse desajuste. Se um dos cônjuges julga que o outro é um fardo, por que insiste em carregá-lo? Se nada está bom, por que continuar com a relação? Se a pessoa só tem defeitos, incomoda, irrita, humilha, despreza, desrespeita, por que permanecer juntos? Por comodismo? Por medo de ficarem sozinhas? Por acharem que é o carma delas?

Mais uma vez insisto: carma não significa que uma pessoa tenha de sofrer, é uma oportunidade para reparar os erros e harmonizar o que está em desarmonia, não existe a razão, de o usarem para gerarem mais carmas. Se você faz sua parte e a outra pessoa não colabora, deixa de ser seu problema, passa ser o dela. Se uma relação cármica não o faz progredir espiritualmente, você não é obrigado a aceitar sua regressão.

De acordo com a Fraternidade Branca, podemos eliminar carmas do passado fazendo apelos da *Chama Violeta* e carmas adquiridos no presente por meio dos apelos da *Chama Azul*. Obviamente, quando fazemos esses apelos, nossos corpos energéticos são limpos, purificados de qualquer mácula ou energia negativa que tenham se acoplado em nossa aura. Sendo assim, devemos sempre fazer em seguida apelos da *Chama Rosa* ou *Dourada*, para que os buracos que ficaram em nossa aura sejam preenchidos, de modo que outras energias não venham se acoplar novamente. Sempre que fazemos apelos da *Chama Violeta* e da *Chama Azul*, devemos fazer em seguida apelos da *Chama Rosa* ou *Dourada*.

A seguir, alguns apelos que você pode fazer para se libertar dos carmas adquiridos no passado ou no presente.

Apelos da Chama Violeta

1

Eu Sou a Lei da pureza imortal da Chama Violeta, eu peço que ela consuma, que ela consuma, que ela consuma cada vez mais toda a discórdia, toda a impureza, e que ela controle meu ser e minha vida.

Eu Sou, Eu Sou, Eu Sou.

2

Eu Sou, Eu Sou, Eu Sou.

Eu Sou a lei da Chama Violeta que consome meu carma, que consome tudo o que eu projetei contra meus irmãos e contra a humanidade.

Eu peço e comando que esta Chama Violeta consuma o carma de todos os humanos da Terra e de sua atmosfera, e que ela purifique a natureza e o mundo inteiro para sempre.

Armadura de Luz

Ó! Deus Todo-Poderoso, presente em meu coração! Ó! Bem-Amado Saint-Germain, dá-nos tanta Luz Cósmica que ela se torne uma armadura em torno de nós. Que ela nos proteja e que ela consuma tudo o que não é Luz em nós e em torno de nós.

Eu Sou, Eu Sou, Eu Sou.

Nós te agradecemos, Ó! Bem-Amado Saint Germain, teu apelo é atendido.

Manto que torna você invisível

Ó! Deus Todo-Poderoso, presente em meu coração! Ó! Bem-Amado Saint Germain, cerca-me com tua Luz, que ela seja tão forte que me torne invisível a toda força maléfica que tentar me atacar. Que ela aumente e se solidifique, que ela se torne um manto que me proteja e me envolva para sempre.

Eu Sou, Eu Sou, Eu Sou.

Eu te agradeço, ó Bem-Amado Saint Germain, teu apelo é atendido.

Apelos da Chama Azul

1

Flechas de Chamas Azuis do Grande Diretor Divino (3 vezes) *no mental inferior tombai, tombai, tombai, tombai e transpassai as formas-pensamentos.*

Eu Sou, Eu Sou, Eu Sou.

2

Divina Chama Azul (3 vezes) *nas situações difíceis descei e consumi a discórdia.* (Repita 3 vezes).

Eu peço e comando que este apelo seja atendido com a rapidez do relâmpago pela Luz do Grande Sol Central.

3

Chama Azul de Astrea (3 vezes) *no astral e na aura de ... desce; desce, desce, desce.* (Repita 3 vezes).

Eu peço e comando que este apelo seja atendido com a rapidez do relâmpago pela Luz do Grande Sol Central.

4

Astrea, ó Mestra Astrea, derrama tua Luz Azul em toda discórdia criada e consome-a neste instante mesmo. (Repita 3 vezes).

Eu Sou, Eu Sou, Eu Sou.

Eu peço e comando que este apelo seja atendido com a rapidez do relâmpago pela Luz do Grande Sol Central.

Fogueira da Chama Azul

Ó! Deus Todo-Poderoso, presente em meu coração.

Ó! Toda-Poderosa Presença Eu Sou.

Mergulha para sempre num a fogueira de Luz Azul incandescente... Que ela brote com força em torno dele e nele. Que ela consuma os pensamentos que o rodeiam. Que ela afaste as entidades que o assaltam.

Eu Sou, Eu Sou, Eu Sou.

Ó! Deus Todo-Poderoso, presente em meu coração.

Ó! Toda-Poderosa Presença Eu Sou, mantém-nos para sempre nesta onda de Luz e sustém este apelo pela força Cósmica.

Eu Sou, Eu Sou, Eu Sou.

Eu peço e comando que este apelo seja atendido com a rapidez do relâmpago pela Luz do Grande Sol Central.

Apelos da Chama Rosa

1

Chama Rosa, Chama Rosa, Chama Rosa de Zozer (3 vezes) *em torno de nós, de nossas casas e de nossas dificuldades desce; desce, desce, desce.* (Repita 3 vezes).

Eu peço e comando que este apelo seja atendido com a rapidez do relâmpago pela Luz do Grande Sol Central.

2

Proteção, proteção, proteção da Chama Rosa do Grande Sol Central (3 vezes) *sobre ... desce; desce, desce, desce.*

Apelo da Chama Dourada

Bem-Amada e poderosa vitória da Presença Divina Eu Sou, que habita em meu coração, eu amo Vossa Bem-Aventurança!

Ajudai-me hoje e sempre a devotar minha vida e minha pessoa a Vossa Chama da Bem-Aventurança, e nela envolver-me.

Enchei e transpassai todo meu ser e meu mundo pessoal com sua eficácia; envolvei toda vida que entrar em contato comigo nestas gloriosas radiações da Chama Dourada do Coração do Bem-Amado Mestre Ling, o Mestre da Bem-Aventurança!

Mantende para sempre sua força e poder, expandindo-a até que todos sejam ascensionados e livres.

Amém.

Recapitulando a sua história

"Em relação a todos os atos de iniciativa e de criação, existe uma verdade fundamental, cujo desconhecimento mata inúmeras idéias e planos esplêndidos, de que, no momento em que nos comprometemos, a Providência move-se também. Toda espécie de coisas ocorrem e acontecem para nos ajudar que, de outro modo, não teriam acontecido. Toda uma corrente de acontecimentos brota da decisão, fazendo surgir, a nosso favor, toda sorte de incidentes, encontros e assistência material, que nenhum homem sonharia que viesse em sua direção. O que quer que você possa fazer, ou sonha que possa, faça-o. Coragem contém genialidade, poder e magia. Comece-o agora".

GOETHE

Dificilmente, encontramos alguém que nunca tenha sofrido ou que não sofra por amor. Todos têm sua história. E a sua, qual é?

Você pode estar vivendo, iniciando ou quem sabe, terminando uma linda ou uma triste história de amor. Então, pare por um momento a leitura e reflita um pouco sobre sua vida.

Recorde-se de tudo que já passou, vivenciou a cada momento da sua vida, suas alegrias, desejos, anseios, tudo que gostaria de ter feito e não fez, as situações que lhe causaram mal-estar e as que aumentaram suas esperanças, tornando você mais feliz.

Se quiser ponha tudo num papel, escreva o que lhe vier à mente, alegrias, tristezas, medos... quem sabe não acaba fazendo um livro da sua vida?

Relembre tudo que puder, sem pressa. Analise cada situação, seus erros e acertos, todas as situações em que esteve envolvido, as situações e as pessoas que lhe fizeram mal ou bem.

Lembre-se de todos os seus relacionamentos afetivos, de amizades, familiares e profissionais. Como foram e são as pessoas para você, o que você faz para conviver bem ou mal com elas, o que deve ser feito para melhorar a convivência com as quais tem dificuldades. Quais os obstáculos que o impedem de ser realmente feliz? Onde estão seus erros? O que precisa fazer para corrigi-los? Quem você precisa perdoar? Por quem você precisa ser perdoado?

Descubra que a chave que tanto necessita para abrir seus caminhos e ter uma estrada mais iluminada e uma vida mais feliz está nas suas mãos. Depende exclusivamente de você as escolhas dos caminhos a ser percorridos.

Lembre-se de que você atraiu, diretamente ou indiretamente, tudo o que viveu até hoje.

Na época em que trabalhava com o tarô, pude constatar que muitos dos problemas afetivos e profissionais estavam relacionados com desentendimentos, mágoas, ressentimentos e desajustes com os pais. Quando as pessoas conseguiam resolver essas questões harmoniosamente com seus pais, seus caminhos se abriam de forma extraordinária.

Se você está feliz com a sua vida, parabéns! Continue investindo em seus pensamentos, atitudes, palavras e virtudes.

Se acha que até hoje não encontrou o caminho da felicidade, trabalhe-se para melhorar seus pensamentos, atitudes, palavras e virtudes, pois você sempre atrairá aquilo que estiver emanando. Tudo que estiver na sua vibração, em sintonia com sua própria energia, virá ao seu encontro.

A família

"Algumas de nossas experiências de vida mais difíceis e desafiadoras ocorrem no contexto do relacionamento familiar, envolvendo os seres que mais amamos".
BRIAN WEISS

Na família convivemos com almas com quem já nos relacionamos em vidas passadas.

As almas envolvidas numa família já se conhecem, elas se reúnem com o propósito de se ajudar mutuamente. Em geral, para fortalecerem o elo de união. Mas, hoje em dia, vemos muitas famílias se desintegrarem, deixando de lado sua missão ou fugindo dela. Quantas vezes não ouvimos que sempre que se precisa de ajuda é muito mais fácil contar com o auxílio de um estranho do que de alguém da própria família? Esse é o grupo de maiores desafios. As situações mais complicadas ocorrem no âmbito familiar, pois nem sempre todos os integrantes fazem parte do mesmo propósito. Algumas pessoas da nossa família podem ter sido nossos grandes inimigos em vidas passadas. Retornaram próximas a nós, com elo de sangue, para nos ajustarmos e podermos ter uma aproximação maior e um contato mais amoroso com elas. As pessoas com quem mais temos dificuldades de nos relacionar são aquelas com quem mais precisamos nos aproximar para ajustarmos nossas diferenças e nos harmonizar.

Nem sempre nossa família biológica é a nossa verdadeira família, a nossa família espiritual. Muitas vezes, ocorrem brigas e ressentimentos entre pessoas dentro da família. Hoje em dia, é freqüente a desavença familiar, inúmeros fatos tristes e absurdos ocorrem nas "famílias".

Em geral, antes de uma pessoa reencarnar, ela já exerce seu livre-arbítrio escolhendo sua família, os pais, todas as almas com quem deseja conviver nessa sua nova existência, seres com quem de alguma maneira já conviveu em vidas anteriores. É natural que a escolha seja baseada na herança genética e emocional que a família possa oferecer. Segundo *Stephen Arroyo*:

"Vivemos e respiramos no campo energético que nossos pais criam pelo seu relacionamento".

(23) "O relacionamento familiar reitera e robustece as maiores expectativas e crenças, positivas e negativas, que trazemos das vidas passadas. Em geral, permanecemos atados a um velho modelo. Por exemplo, se nossa expectativa era de que teríamos pais maus, será isso o que iremos achar que temos, ainda que eles se portem perfeitamente durante pelo menos noventa por cento do tempo. Por outro lado, se o que esperávamos era pais bons, toleraremos mais facilmente os maus (ao menos por algum tempo). Se trouxermos de outras vidas um baixo sentimento de auto-estima, com toda probabilidade atrairemos pais que contribuirão para que esse sentimento se acentue, por valorizarem muito mais nossas conquistas do que aquilo que intrinsecamente somos. Se a nossa auto-estima for alta, será difícil nos deixarmos afetar pelas dificuldades com que porventura depararmos em nossos primeiros relacionamentos.

Se tivermos encarnado com a expectativa de ter (ou precisando ter) uma infância particularmente problemática, iremos constatar muitas vezes que um de nossos avós é a nossa alma gêmea. É aquela única pessoa que parece nos compreender, quando ninguém mais o faz".

23. Do livro *O Enigma das Almas Gêmeas – de Mãos Dadas Através do Tempo*, Judy Hall, Editora Pensamento.

Quanto ao último parágrafo, devo esclarecer que muitos de nós podem não ter tido a oportunidade de conviver com os avós ou até mesmo não tê-los conhecido, portanto, outra pessoa pode fazer esse papel de nos compreender melhor. Isso também ocorre em relação à alma gêmea: nem sempre a pessoa que melhor nos compreende é a nossa alma gêmea. Podemos nos relacionar muito bem com inúmeras pessoas, sem poder definir qual delas é nossa verdadeira alma gêmea. Como já mencionei, o relacionamento de almas gêmeas nem sempre se dá entre casais, muitas vezes ele acontece entre mãe e filho, pai e filha, irmã e irmão, tia e sobrinha – pessoas do mesmo sexo, pois o amor entre almas gêmeas é espiritual, não carnal. A alma gêmea pode, sim, ser um de nossos avós, mas não pelo fato de nos compreenderem melhor.

[24] "Os laços de família não são destruídos pela reencarnação, tal como pensam algumas pessoas. Ao contrário, são fortalecidos e entrelaçados. O princípio oposto, sim, é que os destrói.

Os espíritos formam no espaço grupos ou famílias, unidos pela afeição, simpatia e semelhança de tendências. Esses espíritos, felizes por estarem juntos, procuram-se. A encarnação apenas os separa momentaneamente, pois após sua volta à erraticidade, reencontram-se como amigos que retornassem de uma viagem. Às vezes, uns seguem a outros juntos na encarnação, onde se reúnem numa mesma família, ou num mesmo círculo, trabalhando juntos para seu mútuo adiantamento. Se uns estão encarnados e outros não, nem por isso deixam de estar unidos pelo pensamento. Os que estão livres preocupam-se com aqueles que estão encarnados, cativos da carne. Os mais adiantados procuram fazer progredir os que se atrasam. Após cada existência, terão dado mais um passo na busca da perfeição. Cada vez menos ligados à matéria, seu afeto é mais vivo, por isso mesmo mais puro, e não é mais perturbado pelo egoísmo, nem pelo arrastamento das paixões. Podem, assim, percorrer um número ilimitado de existências corporais sem que nada afete sua mútua afeição.

Deve-se entender que se trata aqui da verdadeira afeição de alma a

24. Do livro *O Evangelho Segundo o Espiritismo*, Allan Kardec, Editora Petit.

alma, a única que sobrevive à destruição do corpo, pois os seres que se unem na Terra só pelos interesses materiais não têm nenhum motivo para se procurarem no mundo dos espíritos. Apenas as afeições espirituais são duráveis; as afeições carnais acabam com a causa que as fez nascer, e essa causa não existe mais no mundo dos espíritos, enquanto que a alma sempre existe. Quanto às pessoas unidas só por interesses, realmente não são nada umas para as outras: a morte as separa na Terra e no Céu".

Sempre haverá o reencontro com os entes queridos. Não nascemos em nossas famílias por descuido, tudo foi muito bem planejado antes de virmos para cá, até mesmo as condições financeiras que teremos. Nenhum encontro é casual, cada qual tem sua razão de ser. Algumas pessoas com baixo poder aquisitivo se espantam quando se fala sobre isso, dão risada, pois não acreditam que tiveram a capacidade de fazer "uma má escolha", querendo passar dificuldades financeiras. Acredite, até os nossos nomes são escolhidos por nós, pois influenciamos nossos pais.

Muitos de nós já ouvimos falar a respeito de uma determinada família em que os pais criam com igualdade seus filhos e, no entanto, sempre tem um que dá mais trabalho e preocupação, a "ovelha negra" da família.

(25) "A união e a afeição que existem entre parentes são sinais da simpatia anterior que os aproximou. Por isso, diz-se, ao falar de uma pessoa cujo caráter, gostos e inclinações não têm nenhuma semelhança com os de seus parentes, que ela não é da família. Ao dizer-se isso, declara-se uma verdade maior do que se acredita. Deus permite essas encarnações de espíritos antipáticos ou estranhos nas famílias, com duplo objetivo de servir de prova para uns e de meio de adiantamento para outros. Além disso, os maus melhoram-se pouco a pouco ao contato com os bons, e pelos cuidados que recebem. Seu caráter se suaviza, seus costumes se educam, as antipatias se apagam. É assim que se estabelece na Terra entre as raças e os povos".

25. Do livro *O Evangelho Segundo o Espiritismo*, Allan Kardec.

Provavelmente, por essa razão dizem que em geral os pais demonstram maior preferência pelos filhos que dão mais trabalho. Muito é comentado sobre essa questão de pais se dedicarem mais aos filhos que dão mais dores de cabeça, mas isso não significa que seja seu filho predileto, mas sim o que lhe causa mais preocupação. Os pais, no fundo, conseguem discernir qual de seus filhos sabe se conduzir melhor pela vida e qual precisa ser conduzido. E isso não é preferência nem opção, eles apenas estão seguindo o coração, obedecendo à intuição que os manda amparar aquele que não sabe caminhar com as próprias pernas, que é dependente e necessita de auxílio em todos os sentidos.

Os pais são as peças-chave de uma família, e seu papel no fortalecimento e união da família é de suma responsabilidade.

(26) "Que sejam decentes e que honrem a família que têm. Mas também seja honrado ao ser chefe de família, não profanando o templo onde mantém o seu lar, nem fazendo dele um parque de diversões. Num parque é gostoso passar fins de semana, mas não é um templo, nem uma escola, onde os filhos devem aprender a ser pessoas decentes, educadas e disciplinadas para servir à vida.

Todas as sociedades espirituais, religiosas e esotéricas exigem que seus membros façam da família o esteio da vida, a fundação, o alicerce a partir do qual seus membros devem construir suas bases para o trabalho. É ela que dá suporte para as primeiras experiências no palco onde se realiza o drama físico, já que dá amparo em todas as situações. Assim como Deus é o primeiro e último elo no plano cósmico, a família é o primeiro de todos os elos no mundo físico".

26. Do livro *Endoísmo – Uma Filosofia de Vida que Fala de uma Grande Paixão; o Amor de Deus pela Humanidade e da Humanidade pelas Coisas Sagradas*, Élcio Souto, Editora Mystic.

Mantra familiar [27]

Ó Deus Todo-Poderoso presente em meu coração!
Ó Amado Mestre Saint-Germain, anjos, arcanjos, elohins, querubins e serafins!
Hostes cósmicas, protegei esta família,
Não permitais que nela se infiltrem forças sinistras.
Afastai dela todos os catalisadores de discórdia.
Eu Sou, Eu Sou, Eu Sou.

Apelos [28]

1

Astrea, nossa Mestra, aplica teu círculo de Chama Azul em torno de nossas cidades, nossos lares, nossos familiares, amigos e conviventes; aplica-o, aplica-o, aplica-o . (Repita 9 vezes).

Eu peço e comando que este apelo seja atendido com a rapidez do relâmpago pela Luz do Grande Sol Central.

2

Chama Violeta do Universo (3 vezes) *sobre a minha família, conviventes e todos que eu encontrar desce; desce, desce, desce.* (Repita 3 vezes).

Eu peço e comando que este apelo seja atendido com a rapidez do relâmpago pela Luz do Grande Sol Central.

3

Proteção, proteção, proteção do Grande Diretor Divino (3 vezes) *sobre nossos familiares desce; desce, desce, desce.* (Repita 3 vezes).

Eu peço e comando que este apelo seja atendido com a rapidez do relâmpago pela Luz do Grande Sol Central.

27. *A Era de Ouro de Saint Germain*, Rodrigo Romo, Madras, 1998.
28. *Apelos de Vahali*, Vahali-Brasil.

4

Proteção, proteção, proteção de Saint Germain, de Jesus e de Maria sobre nossas famílias desce; desce, desce, desce. (Repita 3 vezes).

Eu peço e comando que este apelo seja atendido com a rapidez do relâmpago pela Luz do Grande Sol Central.

Harmonia familiar

Não existe beleza maior do que presenciar a união de uma família, quando um é por todos e todos são por um. Atualmente, é a minoria que tem o privilégio de viver numa família harmoniosa. Cada um corre atrás dos seus interesses, esquecendo-se do quanto é valioso o convívio com os familiares.

Maria, mãe de Jesus, rainha dos anjos, trabalha em função da paz mundial, mas em especial pela harmonia das famílias, pois bem sabemos que o bom relacionamento familiar é de suma importância. Por meio dele, se conduz uma pessoa pela vida, determinando seu relacionamento com os demais.

Em sua vida terrena, Maria tinha o hábito de recitar o salmo 119, às 18 horas. Podemos seguir seu exemplo, pois a constância aumenta nossa fé, modifica nossa energia e facilita a realização de tudo o que desejamos.

É também necessário que vigiemos nossas condutas diárias, por meio delas muito nos será dado, de acordo com nosso merecimento. Assim como o salmo 119, deve-se fazer a oração da Ave Maria.

Imagine sua casa e sua família, cobertos com o sagrado manto de Maria e reze por nove vezes:

[29] *Ave Maria, cheia de graça!*
O Senhor é convosco,
Bendita sois Vós entre as mulheres
e bendito é o fruto do Vosso ventre Jesus.
Santa Maria, Mãe de Jesus,
rogai por nós, filhos e filhas de Deus,
agora e na hora da nossa vitória
sobre o pecado, a doença e a morte.
Amém.

Se você souber de alguém que está passando por problemas de saúde, faça uma novena a Maria, em intenção da cura dessa pessoa. Sempre no mesmo horário, reze 108 vezes a Ave Maria, visualizando a pessoa que tanto deseja ver curada, coberta com o manto sagrado de Maria.

29. Do livro *Como Contatar os Anjos – seus Guias, Guardiães e Amigos*, de Elizabeth Clare Prophet, Summit Lighthouse do Brasil e Século XXI Editora, 1996.

Os pais

"Deus nos concedeu tantas coisas boas, e entre tantas nos deu nossos pais, que nos concederam o direito de nascer".

Sabemos que nossa ligação com os nossos pais se dá por meio do laço de sangue, mas também acontece por meio do laço espiritual, mais forte e verdadeiro. Podemos ver pais e filhos de sangue muito diferentes e distantes, e em contrapartida pais e filhos adotivos bem próximos e parecidos.

Da mesma forma que o convívio pode ser harmonioso, também pode haver muito acúmulo de dívidas adquiridas em vidas passadas, entre pais e filhos.

(30) "Da mesma maneira que a ligação com um filho pode ser resgate cármico, nossa ligação com os pais também pode apresentar aspectos cármicos a resolver. Por exemplo, um jovem tem um espírito mais avançado que o de seus pais, e é capaz de perceber que certos fatos comuns no comportamento deles, são, para ele mesmo, inaceitáveis. Quando acontece isso, existe também a responsabilidade de ajudar os pais a se desenvolver. Costumamos chamar isso de inversão de responsabilidades – filhos e pais com papéis espirituais trocados".

Conhecemos várias pessoas que vivem exatamente

30. *Karma – a Origem da Dor*, Celina Fioravanti, Editora Pensamento, 1996.

essa situação, pais e filhos com papéis trocados.

Essa inversão de papéis é natural diante da imaturidade dos pais e da maturidade dos filhos. Quantos filhos não lutam para tirar seus pais dos vícios? Milhares! Em vez de os pais darem bons exemplos, dão trabalhos para seus filhos. Com certeza essa é uma situação constrangedora, mas que tem sua origem num passado distante. Vários também são os filhos que trabalham para ajudar os pais na despesa da casa, no sustento da família.

As pessoas devem estar mais cientes das suas escolhas e das responsabilidades que irão adquirir por meio delas, procurando cumpri-las da melhor maneira possível.

Há algum tempo, na época em que trabalhava com o tarô, conheci uma senhora que tinha três filhos, um deles adotivo. Ela amava todos igualmente, mas era notável sua forte ligação com o filho adotivo. Todas as vezes em que vinha consultar o tarô, perguntava por todos, mas notava-se um maior interesse e uma enorme preocupação com esse filho. Comentava que era o fato de ele ser o mais calado, de se abrir pouco e também de ser muito amoroso e carinhoso com ela. Ficava preocupada porque ele estava sempre sozinho, sem namorada. Uma vez me perguntou se ele ia ser padre. O tarô sempre mostrava o presente dele, nunca seu futuro. Várias vezes insistíamos para ver se ele ia se casar e qual seria sua profissão, mas nunca nos foi revelado da maneira que era com os outros. Sempre dizia a ela, que não sabia porque seu futuro não aparecia. No íntimo aquela situação me incomodava, pois com outras pessoas o tarô se abria naturalmente e com ele havia esse bloqueio. Cheguei a interpretar o tarô para ele e para a irmã, com ela tudo correu maravilhosamente bem. Mas ao chegar na vez dele, o tarô não abria para o futuro. Logo em seguida me mudei de cidade e por mais ou menos uns dois anos não tive contato com eles. Passados esses anos, uma amiga daquela cidade entrou em contato comigo, pedindo para que eu fosse até lá fazer consultas com o tarô, pois muitas pessoas estavam atrás de mim. Foi combinado então que eu iria uma vez por semana na casa dessa amiga atender essas pessoas. Logo no primeiro dia essa senhora já estava agendada, quando ela me viu, com os olhos cheios de lágrimas, me abraçou e disse: "Você me poupou de sofrer antecipadamente". Confesso que na hora nada me passava pela cabeça, sentia algo estranho e lá no fundo sabia que alguma coisa triste havia acontecido. Quando ela me perguntou: "Você já tinha visto, né?", senti um calafrio na espinha, como se eu estivesse adivinhando o que ela me revelaria em seguida. Seu filho adotivo havia morrido num trágico acidente de carro. Ele era um rapaz bonito em todos os sentidos, interna e externamente. Respirei fundo e não sei onde busquei forças para não chorar diante dela. É óbvio que ela percebeu minha reação, afinal foi um choque que eu havia acabado de tomar. Ficamos horas conversando sobre ele, chegamos à conclusão de que o tarô não mostrava seu futuro porque aqui ele não o teria. Mas com certeza ele está num bom lugar. Quando partiu, foi como se tirassem um pedaço dela, embora ela ainda tivesse junto de si seus dois filhos de sangue. Ela foi para ele uma mãe maravilhosa, deu-lhe todas as condições necessárias, conduziu-o para o caminho do bem, o qual trilhou sempre amparado pelo amor de sua mãe, mas seu destino já estava traçado.

Para ter bons filhos, é preciso conduzi-los com amor. Os verdadeiros pais não são aqueles que põem seus filhos no mundo, mas aqueles que os criam com amor, dando bons exemplos e dirigindo seus passos no caminho do bem.

(31) "Existe atualmente uma crise de identidade dos pais, que não

31. Do livro *Endoísmo – Uma Filosofia de Vida que Fala de uma Grande Paixão; o Amor de Deus pela Humanidade e da Humanidade pelas Coisas Sagradas*, Élcio Souto, Editora Mystic.

sabem mais qual é o seu papel correto na educação dos filhos. Nos tempos atuais são mais amigos do que pais, quando a sua principal missão é ser mestres de seus filhos. Isto não é ruim, mas o errado é não saber ser pai, provocando conseqüências previsíveis. Um filho tem de ter envolvimento com os pais, com os irmãos, com a casa e com as responsabilidades daí decorrentes, que cada um adquire ao vir participar de uma família. Ninguém vem para fazer turismo neste mundo. Gerar um filho é fácil, mas há outros fatores, tais como os desconfortos de uma gravidez, adaptação do novo ser ao mundo físico, compromissos com educação, a irritabilidade natural da adolescência, a má educação familiar, conflitos e encargos financeiros, entre outros. Mais tarde, sobrevêm os primeiros sinais de que as coisas não são bem como se pensava. O segredo está na estabilidade das forças antagônicas, ou equilíbrio

Sempre haverá diferenças que deverão ser respeitadas, porque ninguém é igual a ninguém. Devemos amar e respeitar os outros pelo que eles são e não pelo que gostaríamos que eles fossem. Isto é amor, é respeito pela vida, é o respeito pelo deus interno que existe em cada ser".

Muitos pais têm uma visão errônea quanto ao fato de acreditarem que suprindo as necessidades de seus filhos, dando-lhes todo conforto e atendendo a seus caprichos, estão fazendo o melhor para a educação deles. Eles se esquecem do quanto é necessário um bom diálogo, tempo para falar ou ouvir, carinho e empenho amoroso na formação do caráter dos filhos.

Há homens que se dizem pais, mas não cumprem seu real papel. Quantos se vangloriam da sua masculinidade, mas não têm a hombridade de honrar seus compromissos com os filhos.

Há mulheres que se dizem mães, mas se esquecem de sua real missão como tal. Acreditam que o fato de gerarem, carregarem no seu ventre um ser e dar à luz faz delas mães. Não aprenderam ainda que mãe é quem cria, educa, supre as necessidades físicas e sobretudo as emocionais desse ser que veio ao mundo.

E, além de tudo, ainda existem muitas pessoas que trazem a crença de que filhos mantêm um casamento, seguram o homem ou a mulher. Já está mais que provado que isso faz parte de um passado em que as pessoas se preocupavam mais em dar satisfação para a sociedade, em vez de ser feliz a sua maneira.

Conheço várias mulheres que engravidam ou tentam de tudo para engravidar simplesmente para segurar as pessoas que estão juntas. Algumas conseguem arrumar um filho com cada homem, só para garantir mais uma pensão alimentícia. Estão aos poucos transformando a beleza e o encanto da maternidade numa profissão legalizada e remunerada.

Ainda há aquelas que ensinam suas filhas a se vulgarizar para logo cedo darem o golpe do baú. Enxergam seus filhos roubando e acham normal.

Os antigos sempre contavam a história de um rapaz que foi para a forca em praça pública, para pagar pelos seus crimes. Um pouco antes de seu enforcamento, o policial lhe perguntou se havia um último desejo, pois esse lhe seria atendido. O rapaz disse que sim, que gostaria muito de dar um beijo em sua mãe. O pedido foi atendido. Quando a mãe estava à sua frente, o rapaz olhou-a, alisou-lhe rosto e, para o espanto de todos, em vez de beijá-la na face, deu-lhe uma mordida que lhe arrancou um pedaço do rosto. Quando lhe perguntaram por que ele tinha feito isso, ele disse que se ela o tivesse corrigido no primeiro erro, ele não estaria ali.

"Mães" que pensam somente em si devem acordar enquanto há tempo, pois um filho é algo mais valioso que toda uma fortuna acumulada. É um ser que veio para fazer companhia nessa trajetória terrena e não mais uma fonte de rendimento, que um dia pode acabar.

Todo filho quer se sentir amado e não usado. Se a base que cada um recebe de seus pais fosse diferente, este mundo com certeza seria outro. Não haveria tanta violência se desde o início todos recebessem amor, fossem educados aprendendo o real significado do respeito, pois as pessoas só sabem dar aquilo que recebem.

Os adultos não devem se queixar da juventude de hoje, pois afinal, foram eles próprios que os conduziram. Devem ser mais rígidos com os jovens? Absolutamente não! Devem, sim, corrigir suas próprias falhas. Pois cada adolescente que há no mundo tem um pai e uma mãe, alguém que o orienta ou permita que ele próprio siga pelo caminho que achar mais conveniente. O mundo em que vivemos é de responsabilidade dos orientadores. Nos dias atuais, o papel dos pais na criação dos filhos tornou-se algo importantíssimo, sobretudo neste momento em que a negatividade está sendo tão difundida e espalhada pelos quatro cantos do mundo. Agir com rigidez em nada ajudará, mas também não se deve afrouxar a ponto de os filhos perderem por completo o respeito pelos pais. Os filhos devem ser criados num ambiente de "amor". Digo amor, pois amor educa, ajuda a construir a personalidade, enquanto o mimo estraga e dificulta a vida futura de quem assim foi criado. Muitos pais estão tão preocupados com o trabalho, com a questão financeira que os filhos ficam jogados à mercê da sorte, passam o tempo na escola, junto de amigos, vizinhos, babás ou empregadas, quando não ficam com irmãos mais velhos, que preferem curtir a própria vida a ter de cuidar dos irmãos mais novos. Obviamente, essas pessoas serão os espelhos, modelos cujo comportamento os filhos vão assimilar. É imprescindível participar da vida do filho de alguma maneira, estar presente em todos instantes, demonstrar o quanto eles são importantes.

Pais, cumpram seus deveres. Honrem seus compromissos amorosamente, junto àqueles que os escolheram para tê-los como pais. Não fujam da responsabilidade, nem que para isso tenham de sair de campo como pai/mãe e entrar como amigo. Se optaram por ter filhos, sejam então, os melhores pais ou mães do mundo: seus filhos ficarão felizes e honrados e vocês felizes e realizados.

Procurem purificar o ambiente em que vivem por meio de vibrações de paz e harmonia, pois todos os que estiverem próximos seguirão seus exemplos.

Não permitam que a discórdia se instale, vivam sempre para o crescimento e o fortalecimento da fraternidade.

Trabalhem perseverantemente pela paz.

Oração pelo pai e pela mãe [32]

Orando por meu pai e minha mãe, cumpro, Senhor, um dos deveres que me haveis imposto. Ainda que a natureza não falasse de mim, Vossa lei manda que eu ame e respeite meus pais, lhes dê socorro e assistência, em suas necessidades. Conservai-os para consolação minha, concedei-lhes largos anos de vida, felizes e sossegados; partilhai com eles a bênção dos Santos patriarcas, e fazei com que eles abundem, em toda sorte de boas obras.

Ó Deus, que nos mandastes honrar pai e mãe, compadecei-vos benignamente das almas daqueles de quem sou filho(a), perdoando-lhes seus pecados, e fazei com que eu chegue a vê-los entre os júbilos da eterna claridade. Por Nosso Senhor, Jesus Cristo, que conosco vive e reina, pelos séculos dos séculos. Amém.

32. Extraída das *Horas Marianas de 1885.*

Os filhos

"Não são os pais que os escolhem,
são eles que escolhem os seus pais".

Independentemente de ser pai ou filho, todos são professores e todos são alunos, portanto devem partilhar o conhecimento uns com os outros. Todos são companheiros de viagem nessa trajetória terrena, cada qual com seu próprio caminho, que deve ser seguido sem vacilar e sem se preocupar em seguir o caminho do outro por acreditar ou porque o outro determinou que é o melhor. Ninguém tem o direito de se intrometer nas escolhas de quem quer que seja, de se apossar do direito do livre-arbítrio que Deus concedeu a cada um de nós, cabe-nos escolher o nosso próprio caminho, sem que ninguém se julgue no direito de traçá-lo para nós.

Nós como filhos, fizemos nossas escolhas. Como pais devemos dar a oportunidade a nossos filhos de fazer as suas.

(33) "Muitas vezes, na ânsia de ajudar alguém querido, uma pessoa termina interferindo diretamente na vida íntima de familiares e amigos, passando dos limites permitidos pelas normas da vida. Há leis para tudo, e essas devem ser respeitadas a qualquer custo. É preciso haver consciência

33. Do livro *Endoísmo – Uma Filosofia de Vida que Fala de uma Grande Paixão; o Amor a Deus pela Humanidade e da Humanidade pelas Coisas Sagradas*, Élcio Souto, Editora Mystic.

de que cada alma aqui presente tem um compromisso maior com a vida, consigo próprio e com Deus, já que o caminho de cada um é absolutamente individual e intransferível. Cada alma deve voltar à casa do Pai por si só, não dependendo de ninguém. Não podemos prejudicar o caminho da pessoa à qual queremos auxiliar. É permitido ajudar por amor, mas não carregar o outro nas costas. Não podemos interferir nos planos das inteligências superiores, pois estaremos errando duplamente. Primeiro, podemos atrasar o desenvolvimento espiritual de uma pessoa querida. E depois, estaremos atraindo um carma que pode nos custar caro, já que não podemos interferir nos planos superiores. O mesmo diz respeito a um filho, por exemplo. É uma situação muito difícil. Mas na verdade ninguém é nosso filho realmente, mas sim mais uma alma que vem a este mundo para aprender. Os nossos filhos são filhos do mundo e não nos pertencem. Quando chegar a hora, deverão seguir o seu próprio caminho individual. Sempre devemos respeitar os limites das pessoas com as quais convivemos, confiando no deus que nelas habita, que sabe o que é melhor para cada um. Nunca force nada. Seja fraterno, solidário e amigo, mas nunca se esqueça de ser sábio. Para tudo há um limite que deve ser observado".

Quando dizer sim? Quando dizer não?

"Por mais difícil que possa parecer, é importante saber dizer sim ou não, com consciência. Sempre se deve refletir muito antes de dizer sim ou não, pois uma postura inadequada pode provocar crises e lamentações posteriores. Deve-se ouvir a voz do mestre interno. A lei que regula as relações humanas e o cosmo de uma maneira geral é a lei do interesse, que faz o mundo girar e as pessoas focarem sua atenção em uma coisa ou outra. Se houver interesse, despertará a atenção; se não houver, de nada adiantará. Os ouvidos ensurdecem, a boca se cala, as pernas não andam e as mãos ficam inertes. O segredo está em conter o impulso para não falar ou agir sem pensar, pois existe uma lei maior que rege todas as ações. Uma vez colocada uma lei em ação, nada mais poderá detê-la, até que atinja seu destino e, conseqüentemente, ficaremos sujeitos à realidade. Então, para errar menos e acertar mais, deve-se sempre refletir e meditar antes de dizer sim ou não".

Pitágoras, com grande sabedoria, em poucas palavras, alertou:

"Educai as crianças e não será preciso punir os adultos".

Na realidade, os nossos filhos não são nossos. Assim como nós, eles também são filhos de Deus. Quando, na oração, dizemos: *"Pai Nosso que estais no céu"*, nós nos conscientizamos bem dessa verdade. Mesmo fazendo papéis de pais, somos irmãos perante Deus. Estamos em nossa jornada terrena cumprindo nossa missão junto de "nossos filhos", que assim como nós peregrinam pela Terra com o propósito único de cumprir as suas missões, junto daqueles que os acompanham.

Muitas vezes, na tentativa de acertar, nós erramos. Mas é errando que se aprende. Quando conseguimos enxergar e, principalmente, admitir nossas falhas, encontramos um caminho melhor para a educação dos nossos filhos.

Educar não é uma tarefa simples, nem tão fácil quanto possa parecer. Exige maturidade, discernimento, sabedoria. Afinal, há vidas em jogo para ser conduzidas. A verdade é que se educa melhor com exemplos do que com palavras. Um único exemplo tem mais valor que uma infinidade de palavras.

Lembro-me, quando jovem, na fase da adolescência, do quanto ficava revoltada por meus pais me impedirem de ter amizade com determinadas pessoas, regularem meus horários, as horas em que podia sair e devia retornar, era tudo muito rígido. Não precisavam se expressar com palavras, eu os entendia perfeitamente só por meio de um olhar.

Não via a hora de me tornar independente, para me ver livre de tanto controle. Por incrível que possa parecer, hoje muitas vezes me vejo agindo ou falando igual a meus pais. Lembro-me de quando eles me diziam: "Um dia, ao ter seus filhos, você me dará razão". Realmente, esse dia chegou. Como sempre chega para a maioria das pessoas. E a fase da adolescência de nossos filhos também vem muito rápido. Filhos nesta fase não são fáceis, querem ser adultos, sair à noite com os amigos, poder contar que foram em tal lugar, chegar a tal hora, e por causa disto sentem-se o máximo. Mas, como dizia minha avó, os filhos são nossas eternas crianças.

Deus, nosso Pai Criador, tem um propósito e sabe o que é melhor, para cada um de Seus filhos.

Lembre-se de que independentemente, do que você deseja para seu filho, ele tem o direito de fazer sua própria escolha. Não se esqueça também de que ele não é uma propriedade sua, é uma alma criada por Deus, ele é filho de Deus.

Assim sendo, quando sentir que não está conseguindo encaminhar seus filhos como gostaria de fazê-lo, entregue-os nas mãos de Deus, pois Ele sabe o que é melhor para cada um de Seus filhos, portanto os conduzirá com amor para o caminho certo, para a estrada correta a percorrer.

Lembre-se que cada um de nós tem sua missão no plano divino de Deus.

Seja qual for nossa missão, fácil ou difícil, cabe-nos cumpri-la da melhor maneira possível. Desviar ou fugir de nossa missão só irá nos atrasar, prejudicando nosso progresso em nossa escala evolutiva.

Na realidade, não existem coisas fáceis ou difíceis, nós é que dificultamos ou facilitamos as coisas.

Quando o amor está presente, torna-se mais fácil trilhar o caminho junto de outros, independentemente de serem filhos, irmãos, amigos... onde há amor, há respeito, há companheirismo.

Sabemos que nesse momento existem vários pais tristes e chorando por seus filhos, pelos filhos que se foram, pelos filhos que se perderam pela estrada da vida, pelos filhos que, ao tentarem se encontrar, se perderam nas drogas... Mesmo não os conhecendo, vamos orar pelos filhos destes, pois, como já dito, somos todos irmãos perante Deus.

Cientes que quando cada um de nós vence, evolui, somos todos beneficiados, mas quando um de nós regride e encontra-se derrotado, somos todos prejudicados.

Aquilo que desejamos para nós é o que persistentemente devemos desejar para os outros.

Que Deus ilumine as mentes de todos os pais e abençoe suas escolhas no melhor caminho para guiarem seus filhos. Lembrando que não devemos culpar os inocentes, as crianças, os jovens e mesmo os adultos que hoje vemos e conhecemos, pois eles trazem consigo os ensinamentos que seus pais lhes passaram, deram por meio dos seus próprios exemplos.

São Gabriel Arcanjo

(Auxílio e proteção aos jovens contra os vícios)

Ó poderoso São Gabriel, a vossa aparição à Virgem Maria de Nazaré trouxe Luz ao mundo, que estava mergulhado nas trevas.

Assim falaste à Santíssima Virgem: "Ave Maria cheia de graça, o Senhor é contigo... o Filho que de ti nascer será chamado Filho do Altíssimo".

São Gabriel, intercedei por nós junto à Virgem Santíssima, Mãe de Jesus Salvador. Afastai do mundo as trevas da descrença e da idolatria. Fazei brilhar a luz da fé em meu coração.

Ajudai a juventude a imitar Nossa Senhora nas virtudes da pureza e da humildade. Dai força a mim e a todos os homens (diga o nome do viciado ou jovem que quer proteger) *contra os vícios e o pecado.*

São Gabriel, que a luz da vossa mensagem, anunciadora da redenção do gênero humano, ilumine meu caminho e oriente toda

a humanidade rumo ao céu.
São Gabriel, rogai por nós.

Apelo em prol da juventude

Em nome da Presença Divina Eu Sou, apelamos a vós, Bem-Amado Arcanjo Miguel e a vossa Legião de Luz! Vinde com vossa Flamejante Espada Azul e libertai a nova geração de tudo que não é luz. (Repita 3 vezes).

Apelo [34]

Ó! Deus Todo Poderoso, presente em meu coração e Grande Coro dos Mestres Ascensionados, tomai depressa possessão dessa situação e libertai... de toda entidade.

Produzi vossa perfeição aqui para sempre! Terminou e eu vos agradeço.

34. Do *Livro de Apelos,* Vahali-Brasil.

O lar

"Uma casa é construída com tijolos, enquanto um verdadeiro lar é alicerçado com amor. Num lar há pessoas unidas por afeto, enquanto numa casa os habitantes, simplesmente dividem o mesmo espaço".

Nossa casa deve ser transformada num verdadeiro lar, em que o amor, o respeito, o diálogo, o carinho, a compreensão, o companheirismo, a harmonia, a alegria e a união cresçam a cada dia, selando e fortalecendo os elos da nossa família.

Nosso lar é o nosso espaço sagrado, por isso não devemos permitir que nada externo o abale.

Não há nada mais desagradável do que as pessoas invadirem o nosso espaço, como se fosse delas.

Um ambiente alegre, saudável, repleto de paz e de boas energias só pode proporcionar harmonia e união à família. Ao cuidar do seu lar, você está cuidando da sua família, zelando pelo bem-estar de cada um.

Se as pessoas não respeitam o seu espaço, faça com que seja respeitado. Sua família, feliz, agradecerá pelo seu zelo e pela sua dedicação que, amorosamente, favorecem a todos.

Lembre-se de que sua maior proteção é a harmonia do seu ser, mas há orações, decretos, salmos que podem ser feitos para favorecer na proteção e harmonia do seu lar.

Veja a seguir:

Declaração a São Miguel Arcanjo para Proteção do Lar [35]

Este lar é protegido e guardado por Anjos Guardiães sob a orientação de São Miguel Arcanjo.

Suas espadas estão colocadas sobre as portas de entrada, para que nenhuma presença negativa e nenhum mal possa aqui entrar.

Suas asas estão abertas em volta desta casa amparando-nos e protegendo-nos.

Seus mantos estão estendidos sobre cada um dos membros desta família para que possamos participar de todas as nossas atividades diárias em completa segurança e profundo bem-estar.

Sobre esta casa está a grande luz protetora de São Miguel Arcanjo.

Seus anjos estão colocados nos quatro cantos desta casa protegendo-a em cima e embaixo, à direita e à esquerda, na frente e atrás.

Sob as bênçãos de São Miguel Arcanjo cada pessoa que aqui entrar sentir-se-á envolvida pelo amor, saúde, prosperidade, sabedoria, alegria, paz e proteção dos anjos.

Decreto para a Guardiã do Lar

Eu Sou, Eu Sou, Eu Sou a Lei da Proteção Invencível, que a Guardiã dá a minha casa, a seus moradores e àqueles que a freqüentam.

Eu Sou demandando que os Anjos de Proteção, e a Amada Guardiã do meu lar, coloquem Cruzes de Chama Azul de proteção nas portas e janelas do meu lar.

Eu vos agradeço Amada Guardiã, pois sei que sempre me atendeis.

Afirmação para o Lar

Eu Sou a Presença Conquistadora, que comanda paz, amor e harmonia no meu lar e ambiente.

35. *São Miguel Arcanjo, Guardião do Bem e da Luz,* Moacir Martins.

Oração para Proteção da Casa [36]

Envolvo esta casa num círculo mágico de proteção divina. As mãos de Deus a circundam e nenhum mal poderá penetrá-la.

Peço ao Pai Criador que derrame sua luz protetora sobre toda esta casa e sei que assim é.

Nenhum mal poderá entrar, porque nada nem ninguém pode contra Deus, que habita a minha casa e a protege. Assim é agora e sempre. Amém.

36- *O Poder Infinito da Oração – a descoberta da força capaz de produzir o milagre*, Lauro Trevisan, Editora Mente, 1988.

Conhecendo os amigos

"O importante na vida são os verdadeiros amigos".
THOMAS MOORE

Há pessoas estrelas e há cometas.
Os cometas passam.
Apenas são lembrados pelas datas que passam e retornam.
As estrelas permanecem, o sol permanece.
Passam anos, milhões de anos e as estrelas permanecem.
Há muita gente cometa.
Passa pela vida da gente apenas por instantes.
Gente que não prende ninguém e a ninguém se prende.
Gente sem amigos, gente que passa pela vida sem iluminar,
sem aquecer, sem marcar presença.
Importante é ser estrela.
Estar junto. Ser luz. Ser calor. Ser vida.
Amigo é estrela.
Podem passar anos, podem surgir distâncias,
mas a marca fica no coração.
Coração que não quer enamorar-se de cometas,
que apenas atrai olhares passageiros.
Ser cometa é ser companheiro por instantes,
explorar os sentimentos humanos,
ser aproveitador das pessoas e das situações,
fazer-se acreditar e desacreditar ao mesmo tempo.
Solidão é resultado de uma vida cometa.
Ninguém fica, todos passam.

Há necessidade de criar um mundo de estrelas.
Todos os dias poder contar com elas e poder sentir sua luz e calor.
Assim são os amigos,
estrelas na vida da gente.
São aragem nos momentos de tensão.
São luz no momento de desânimo.
Ser estrela neste mundo passageiro,
neste mundo cheio de pessoas cometas,
é um desafio, mas, acima de tudo,
uma recompensa.
Recompensa de ter sido luz para muitos amigos,
ter sido calor para muitos corações,
ter nascido e ter vivido
e não apenas existido.

Autor desconhecido

Sempre acreditei que meus melhores amigos seriam aqueles que estariam comigo nos meus piores momentos. Até que conheci uma senhora simples e humilde, que não era alfabetizada – *"O verdadeiro analfabetismo é a falta de curiosidade e a curiosidade é a própria essência da cultura", Goffredo Parese* – mas era extremamente sábia. Sabedoria esta lapidada com as lições adquiridas ao longo de sua trajetória terrena.

Ela me disse:

"Filha não se iluda! Por muitos anos carreguei comigo esta mesma crença, mas o tempo se encarregou de me mostrar o quanto estava enganada. Acredite! Seus verdadeiros amigos são aqueles que sabem comemorar com você suas vitórias e brindar a sua felicidade. É nessas horas que você conhecerá realmente os seus amigos".

Percebendo o quanto eu estava perplexa com o que me dizia, ela fixou seus olhos nos meus e disse: *"A sua felicidade pode vir a incomodar muito os que não têm a capacidade de ser felizes e com esse incômodo se manterão distantes. São poucos os que possuem capacidade para come-*

morar a felicidade de outros. O seu verdadeiro amigo não gostará de vê-la triste, não participará da sua infelicidade e por esta razão se manterá ausente, mas em seus momentos felizes estará sempre presente".

O verdadeiro amigo sempre estará ao nosso lado em qualquer circunstância. Ele é companheiro, solidário, fraterno em todos os momentos, bons ou ruins. Amigo é aquele que perdoa nossas fraquezas, entende nossos erros e compreende nossas limitações. Mas também é aquele que nos aponta o caminho certo, quando estamos seguindo por um caminho tortuoso. Não somente nos mostra nossas falhas como também nos ensina aquilo que precisamos entender ou aprender, nem que para isso muitas vezes precise nos dar "bordoadas", para nos acordar para a realidade. Sabe a hora de falar e de calar, sabe nos dar colo e sabe nos empurrar para a vida.

Em resumo: amigo não é aquele a quem recorremos ou que recorre a nós quando as coisas não estão bem. De quem nos lembramos ou que se lembra de nós quando há um interesse em obter algo ou um favor. Amigo é aquele que está sempre junto, independentemente da situação, do momento ou do que precisamos. Amigo é aquele que mesmo distante está sempre presente. Aquele que gosta de nós pelo que somos e não pelo que temos a oferecer. Aquele que sabe falar o que realmente precisamos ouvir, que sabe a hora de se calar e, principalmente, que sabe ouvir nossas confidências, nossos desabafos nos momentos de fragilidade. Aquele que valoriza nossas virtudes e respeita nossas fraquezas. Amigo é aquele que nos mostra um horizonte quando nos vemos encurralados nas encruzilhadas da vida.

Amigo é aquele que nos estende a mão para nos levantar quando tomamos os nossos tombos. Amigo é aquele que em noites escuras fica a nosso lado esperando o dia amanhecer.

Amigo é aquele que guarda a sete chaves nossos segredos.

Amigo, o verdadeiro amigo, é para se guardar no coração para toda a eternidade.

Você têm amigos?

Lembre-se de que quantidade não significa qualidade.

E esteja ciente de que uma pessoa que fala de outras para você tem a mesma facilidade para falar mal de você para outras.

Reflita sobre o texto abaixo:

As três peneiras [37]

Um rapaz procurou Sócrates e disse que precisava contar-lhe algo.

Sócrates ergueu os olhos do livro que lia e perguntou:

– O que você vai me contar já passou pelas três peneiras?

– Três peneiras?

– Sim. A primeira peneira é a verdade. O que você quer contar dos outros é um fato? Caso tenha ouvido contar, a coisa deve morrer por aí mesmo.

– Suponhamos então que seja verdade. Deve então passar pela segunda peneira: a bondade.

– O que você vai contar é coisa boa? Ajuda a construir ou destruir o caminho, a fama do próximo? Se o que você quer contar é verdade e é coisa boa, deverá passar ainda pela terceira peneira: a necessidade.

– Convém contar? Resolve alguma coisa? Ajuda a comunidade? Pode melhorar o planeta?

E, arremata Sócrates:

– Se passar pelas três peneiras, conte!Tanto eu quanto você e seu irmão nos beneficiaremos. Caso contrário, esqueça e enterre tudo. Será uma fofoca a menos para envenenar o ambiente e levar discórdia entre irmãos, colegas de planeta.

Devemos ser sempre a estação terminal de qualquer comentário infeliz.

37. Texto extraído de www.chamavioleta.com.br/palavra.htm.

Pessoas sábias falam de idéias!
Pessoas inteligentes falam de coisas!
Pessoas medíocres falam das pessoas!

(38) "Devemos analisar cuidadosamente o que é que realmente precisamos encontrar num amigo. Um amigo que não supre nossa carência, que não dá nem recebe, que tem uma vibração diferente da que a nossa alma necessita, este não é um amigo – na verdade, ele é um estorvo ou um obstáculo.

Quando temos um relacionamento desse tipo, percebemos que estamos desperdiçando nossa vida e a vida dessa pessoa".

Uma boa amizade, sincera, fiel e amorosa, vale mais que qualquer fortuna acumulada.

As boas amizades são nossas maiores riquezas.

"Para se ter um grande amigo é preciso se tornar um verdadeiro amigo".

38. Do livro *Almas Companheiras e Chamas Gêmeas – A Dimensão Espiritual do Amor e dos Relacionamentos,* Elizabeth Clare Prophet, Nova Era.

Os relacionamentos homossexuais

"O amor não tem limitações e nenhum é mais importante que o outro. Nem sequer admita ser limitado pela consciência de que você é homem ou mulher: você é uma alma feita à imagem de Deus (...) O caminho mais sábio é lembrar-se sempre: 'Não sou homem, nem mulher: sou espírito'. Então você se livrará da consciência limitadora de ambas as tendências. Compreenderá o seu mais alto potencial divino, quer esteja encarnado como homem, quer como mulher.
A humanidade precisa compreender que a natureza básica da alma é espiritual".

YOGANANDA

Um dos ensinamentos de Jesus diz:

"Não julgueis para não ser julgados".

Quem somos nós para julgar a vida de quem quer que seja? Quantas vezes não conseguimos resolver nem a nossa própria vida? Por que então querer opinar sobre a vida de outros? Cada um é responsável pela própria vida, tendo por direito o uso do seu livre-arbítrio, como bem quiser.

Uma pessoa que realmente tem Deus no coração segue as leis divinas sem interferir ou opinar no que é certo ou errado na vida de outro, agindo de forma isenta de preconceitos.

Lembra-se do já citado anteriormente, quando Jesus disse:

"Amai-vos uns aos outros", ou seja, *"Amem sem distinção?"*

E volto a repetir:

"Devemos viver de modo a começar o dia com amor, encher o dia com amor e terminar o dia com amor – porque esse é o modo de Deus".

Quem vive na energia do amor, preenche o seu coração e a sua vida com esse sentimento, respeita a escolha de cada pessoa que encontra em seu caminho.

Não importam as escolhas dos nossos caminhos, mas a maneira como nos conduzimos em cada caminho.

Na vida há gostos e gostos, vontades e desejos, caminhos a serem percorridos e caminhos a se escolher, razões e emoções que desconhecemos.

As pessoas devem sempre viver a vida que melhor as encaminhem para a felicidade e não a que tornará outras pessoas felizes. Por exemplo: um filho deve viver com a pessoa que o fará feliz e não com aquela que deixará seus pais felizes. Lembrando que Deus deu o livre-arbítrio a cada um de nós, então cabe somente a nós escolher o caminho que nos tornará feliz. Cientes de que nossa felicidade contribuirá, cedo ou tarde, para a felicidade dos que estão próximos de nós, pois a felicidade contagia.

Em vez de nos preocuparmos com as escolhas de outros, devemos nos preocupar com nossas próprias escolhas.

Em vez de apontarmos as falhas dos outros, devemos corrigir nossos próprios erros.

Devemos tomar mais cuidado com o que falamos de outras pessoas, pois consciente ou inconscientemente, estamos falando de nós mesmos. As pessoas que se apresentam à nossa frente nos servirão de espelhos para que graças a seus reflexos possamos nos enxergar como realmente somos.

Aquilo que vemos nos outros está em nós, aquilo que falamos de outros também está em nós. Então, vamos parar de fazer julgamentos e aprender a nos enxergar melhor para que possamos nos conduzir de maneira mais adequada por esta estrada terrena, em companhia de nossos irmãos, perante Deus.

Para vivermos em paz temos de aceitar as pessoas como elas são e não como gostaríamos que fossem, pois com certeza também não somos como elas gostariam que fossemos e elas nos aceitam como somos.

Lembre-se de que:

"O julgamento e o amor são opostos. De um vêm todas as tristezas do mundo. Mas do outro vem a paz do próprio Deus".

Um Curso em Milagres

A missão

"Cada instante é um ponto de partida".
Louise Hay

Profissionalmente, cada um tem um dom, um talento para seguir, cumprir sua missão e sair vitorioso de acordo com seu plano divino. De nada adianta uma pessoa seguir o caminho de outra. Hoje em dia, vemos muito disso, sobretudo entre os jovens que se espelham em ídolos de futebol. Eles enxergam a fama, o sucesso e o dinheiro envolvidos. E, é claro, isso faz com que também queiram se tornarem jogadores de futebol. Mas quantos jogadores existem? E quantos conseguiram chegar ao topo, ao auge da fama e da glória?

O mesmo ocorre com as moças, que querem se tornar modelos, pois também enxergam o glamour que existe no mundo da moda. Todos desejam fazer aquilo que o outro faz, porque se o outro ganhou fama e fortuna, eles acreditam que também vão ganhar.

Mas a coisa não é bem assim, cada um tem um caminho e não adianta desviar-se para seguir o caminho do outro, pois dessa forma só vai atrasar seu progresso.

Vejo isso também no mundo editorial. A maioria das pessoas que escrevem um livro acreditam que ele será um best seller. Não é bem assim: pode até vir a ser, mas para que isso aconteça, existe um processo, um caminho a seguir. Ninguém chega no topo se não subir degrau por degrau. Como também ninguém chega no ápice de uma montanha se não escalá-la. Pode até chegar de outra maneira, mas não terá o mesmo valor, o mérito reconhecido pelo seu próprio trabalho – o esforço para chegar lá.

Assim como há missões relacionadas ao nosso trabalho, também temos missões ligadas a algumas pessoas. Não adianta ignorar ou fugir, pois aquilo que nos está predestinado, por mais que procuremos modificar a situação, sempre estará diante de nós.

A missão mais difícil está no âmbito familiar, pois, por mais que se trabalhe para o cumprimento dela, é necessário respeitar o livre-arbítrio das pessoas. E muitas preferem continuar errando e dificultando o propósito que é harmonização de todos.

Enfim, todos nós temos uma missão, um propósito específico no plano de Deus, e estamos aqui para realizá-la.

Então, vamos pedir a Deus, aos mestres ou aos anjos de nossa escolha que nos orientem no que se refere à nossa missão. Em momento algum devemos comparar nossa vida com a de outros. Nossa atenção deve estar voltada para nossa missão, não para o que as pessoas fazem ou deixam de fazer em relação às suas vidas.

A Divina Escada

Cada mortal que sobre a Terra surgir
receberá de Deus uma escada para subir;
e esta escada cada um terá de galgar
degrau por degrau. Desde o mais baixo lugar
vai percorrê-la, passo a passo: desde o início
ao Centro do Espaço, ao seu próprio Princípio.

Numa era passada, mas que hoje perdura,

escolhi e moldei minha escada; tu escolheste a tua.
quer seja de luz ou seja obscura,
por nós mesmos foi ela escolhida:
uma escada de ódio ou de amor,
seja ela oscilante ou firmada com vigor.

Quer feita de palha ou formada de ouro rei,
cada uma obedece a uma justa lei.
E a deixaremos quando o tempo esgotado;
dela toma-se posse ao ser de novo convocado,
por vigias, em frente a um portão cintilante,
ela é guardada para cada alma passante.
Mesmo sendo a minha estreita e a tua alargada,
sozinho chego a Deus por minha própria escada.
A de ninguém posso pedir, nem a minha emprestar;
com esforço em subir na sua, cada um tem de arcar.
Se, em cada degrau que escalares,
só barreiras e tormentas encontrares;
se pisares sobre ferro carcomido e madeira bichada,
a ti cabe transformar tudo isto para, seguro, galgares tua escada.
Reforçá-la e tê-la sempre reconstruída
é a tua tarefa árdua, mesmo que longa seja tua vida.
Chegando ao fim da escada, já terás cruzado a ponte
que te dará todos os tesouros da Terra, e do espírito divino, a fonte.

Tudo o que de outra forma se possa obter
será ilusão apenas. Não pode permanecer.
Em revoltas inúteis não faremos o tempo fugir.
Subir, cair, reconstruir, cair, subir, reconstruir,
cumpramos isto, até que nossa carreira humana
nos leve a toda a verdade,
até que juntos, homem e Deus, sejamos UMA só Divindade.

O MAHA CHOHAN

Os salmos que ajudam nos relacionamentos

"Os salmos são belas orações que quando recitadas se tornam um excelente bálsamo para nossos corações".

Há alguns anos venho insistindo nos livros, com as pessoas, sobre a recitação dos salmos, falando sobre os benefícios que a mera leitura deles durante sete dias nos traz. Só mesmo recitando-os para obtermos a comprovação dos magníficos resultados.

Cada salmo é específico para uma situação ou ocasião de nossa vida. E cada um está relacionado a um anjo: quando recitamos um salmo, estamos invocando um anjo, para que venha em nosso auxílio no assunto que desejamos solucionar, melhorar, harmonizar, curar, proteger, conquistar ou realizar. O salmo escolhido deve ser recitado durante sete dias consecutivos. Em caso de urgência, por sete vezes num único dia, ou seja, por sete horas seguidas. De acordo com o merecimento, o objetivo pode ser alcançado no 8º, 21º ou 72º dia. É claro que é de grande importância a crença no resultado almejado. Existem casos que antes mesmo do término do 7º dia da recitação do salmo, o objetivo é atingido, aquilo que tanto se espera se realiza de imediato. Se você for abençoado e conseguir logo o que deseja, dê continuidade, não pare de recitar o salmo, até que se feche o ciclo de sete dias. Procure sempre recitá-lo na mesma hora, pois este será o horário que você terá como um compromisso com o anjo que virá em seu auxílio. Considere que esta é a hora de seu encontro com o anjo que está trabalhando a seu favor, intercedendo por você, para que seja beneficiado no que tanto espera realizar. Costumo dizer às pessoas que, quando se tratar de algo urgente, peçam ajuda ao Arcanjo Uriel, que é o arcanjo das emergências. Além de recitar o salmo propício para seu objetivo, recite o salmo 70, pois este salmo está relacionado ao Arcanjo Uriel, que vem em seu auxílio para acelerar os acontecimentos. Mas evite ficar invocando-o o tempo todo, ele deve ser invocado mais em situações graves, que exijam emergência. E em casos que precisem de paz.

Para...

Acabar com as inimizades 75
Afastar as más companhias 27
Afastar pessoas falsas do seu convívio 53
Apaziguar brigas e disputas 2
Aprender a perdoar os erros de outros 102
Atrair pessoas de boa índole 1
Bom relacionamento entre pais e filhos 29
Combater a timidez 105
Combater o ciúme 99
Compreender melhor as pessoas 131
Conciliar-se com a pessoa amada 14
Conciliar-se com quem está em desarmonia 5
Concórdia e respeito mútuo 132
Confiar mais na pessoa amada 115
Conquistar a felicidade afetiva 142
Conquistar e conservar amizades sinceras e fiéis 134
Conservar a boa moral da família 101
Conservar a boa união conjugal 19
Eliminar as impurezas do pensamento e do coração 23

Visualização para curar um relacionamento

Esta visualização pode ser feita para curar qualquer tipo de relacionamento, independentemente de as pessoas envolvidas serem próximas ou não. Muitas vezes, no trabalho, podemos ser obrigados a nos relacionar com pessoas com quem não temos muita afinidade e que divergem das nossas opiniões.

Bem, primeiramente arrume duas velas, uma para você e outra para a pessoa em questão. Pode ser que quando você estiver praticando a sua visualização, você veja ou ouça algo. Nesse caso, guarde bem a cena ou a palavra, pois pode estar relacionada ao mal-entendido entre vocês.

Num lugar tranqüilo, livre de barulho, acenda as duas velas (brancas: paz e harmonia; rosa, amor; ou verde: cura do próprio relacionamento).

Diga: *"Invoco o meu anjo da guarda, o anjo da guarda de fulano(a), a presença do nosso anjo de conexão, do anjo do perdão e do anjo da harmonia"*.

Em seguida, diga: *"Seguro este momento de cura, paz e harmonia entre mim e fulano(a) e juntos fortalecemos nosso relacionamento na luz"*.

Inspire e expire profundamente (faça isto até sentir-se completamente relaxado, calmo).

Nesse estado sereno, visualize seu coração e o da pessoa preenchidos com a Chama Violeta, visualize-os sendo purificados até ver os dois corações unidos na cor rosa.

Visualize então a pessoa como você bem deseja, ou seja, veja-a alegre, feliz, solidária, companheira... veja-a como uma amiga dócil e amorosa.

Abrace-a e deixe uma luz branco-prateada descer sobre vocês, seguida de uma luz rosa que inunda todo espaço onde estão.

Agradeça aos anjos que se fizeram presentes para a cura desse relacionamento.

Qualquer mudança no seu coração sempre produzirá um efeito em seus relacionamentos.

Você pode também pedir ajuda aos arcanjos *Chamuel* e *Caridade* para que harmonizem seus relacionamentos, pois eles são os arcanjos do Raio Rosa, anjos do amor.

Com apenas alguns instantes de apelos a eles, por meio de um pequeno, mas poderoso *fiat*, você pode modificar a energia do ambiente e a energia entre as pessoas, assim como eliminar a tensão que sente em relação a alguém e melhorar seus relacionamentos.

É impressionante como somos atendidos imediatamente. Só mesmo praticando para se sentir o resultado.

Basta apenas que você diga:

Em nome de Deus Eu Sou o Que Eu Sou,
em nome do Arcanjo Chamuel e Caridade:
- Retrocedam forças do anti-amor.

(Repita 9 ou mais vezes a última frase, até que sinta a energia do amor fluir naturalmente no ambiente ou entre as pessoas em desarmonia).

Visualização para harmonia com São Nicolau de Flue

"O dia de hoje é uma bênção que você está recebendo, agradeça para que outras lhe cheguem".

São Nicolau de Flue:

"Minha paz vos inunda".

Procure formar o Elo de Harmonia em todos os seus relacionamentos. Sempre que houver algum desentendimento entre as pessoas recorra ao auxílio de São Nicolau de Flue. É impressionante como a paz e a harmonia retornam de imediato.

Visualize um círculo branco luminoso envolvendo todas as pessoas que estão desarmonizadas. Logo em seguida, veja o cajado de São Nicolau de Flue descendo sobre o círculo e diga: *"São Nicolau de Flue eu aguardo com serenidade a paz e a harmonia entre ...* (diga os nomes das pessoas).

Feito isso, volte aos seus afazeres e esqueça o resto, você verá que em pouquíssimo tempo a paz e a harmonia terão retornado.

Agradeça a São Nicolau de Flue.

Você pode também fazer diariamente os seguintes apelos:

Apelos a São Nicolau de Flue [39]

1

São Nicolau de Flue, São Nicolau de Flue, São Nicolau de Flue, afastai a inveja, a cobiça e a intromissão dos especuladores de nossas tarefas.

Eu Sou, Eu Sou, Eu Sou.

Eu peço e comando que este apelo seja atendido com a rapidez do relâmpago pela luz do Grande Sol Central.

2

Proteção de São Nicolau de Flue sobre o nosso mundo desce; desce, desce, desce. (Repita 3 vezes). *Eu peço e comando que este apelo seja atendido com a rapidez do relâmpago pela Luz do Grande Sol Central.*

3

São Nicolau de Flue, São Nicolau de Flue, São Nicolau de Flue, afastai os obstáculos, a discórdia e os especuladores dos nossos trabalhos.

Eu peço e comando que este apelo seja atendido com a rapidez do relâmpago pela luz do Grande Sol Central.

4

Proteção, proteção, proteção de São Nicolau de Flue (Repita 3 vezes) *pelos Raios do Monte Branco sobre... desce; desce, desce, desce.* (Repita 3 vezes).

Eu peço e comando que este apelo seja atendido com a rapidez do relâmpago pela luz do Grande Sol Central.

5

Anjos, Arcanjos, Saint Germain e São Nicolau de Flue enviai amor e proteção sobre a humanidade. (Repita 3 vezes).

---

39. Os apelos a São Nicolau de Flue foram extraídos do *Livro de Apelos e Apelos de Vahali*, Vahali-Brasil.

Eu peço e comando que este apelo seja atendido com a rapidez do relâmpago pela luz do Grande Sol Central.

Apelos à Bem-Amada Kuan Yin

Ó Grande Sol Central e Kuan Yin, Deusa da Misericórdia, descei nos corações dos humanos e enchei-os de amor e de misericórdia até transbordar!

Que o perdão corra de boca em boca e de coração a coração. Que os homens esqueçam a discórdia, o ressentimento, a crítica, a vingança e a tristeza.Que a alegria da misericórdia se derrame em todas as almas humanas. Ó Kuan Yin, Deusa da Misericórdia, enche todos os seres com teu perdão e tua felicidade.

Eu Sou, Eu Sou, Eu Sou.

Eu te agradeço, Kuan Yin, o apelo que me deste.

Eu peço e comando que este apelo seja atendido com a rapidez do relâmpago pela Luz do Grande Sol Central.

Falando sobre carma...

"Aquilo que o homem semeia, isso ele colherá".

A palavra *"carma"*, vem do sânscrito *"karmam"*, que significa lei da causa e efeito, ação e reação.

Qualquer pensamento, palavra e ação que parta de nós, a nós retornará.

Quando agimos bem, adquirimos carma positivo, quando nos conduzimos pelo mau caminho, atraímos o carma negativo. Cada ação provoca o retorno correspondente. É como um bumerangue, bate e volta. Um único carma pode levar várias encarnações para se manifestar, cabe à "Justiça Divina" determinar o momento exato em que se dará sua manifestação.

Ninguém sofre castigo, nem recebe recompensa, mas vive, sim, pela conseqüência dos seus atos. Se esses são bons, o resultado será benéfico, se são maus, a pessoa colherá toda a maldade que plantou.

Por meio do carma se aprende a lição que deve ser aprendida, ele traz aprimoramento, não sofrimento. Muitas pessoas agüentam determinadas situações causadas por outras, alegando ser seu carma, mas carma não amarra ninguém a quem quer que seja. Se a pessoa está se esforçando e a outra nada faz para que haja reconciliação , para que surja a harmonia necessária, para que saldem suas dívidas, se há resistência da outra parte, deve usar o livre-arbítrio e seguir a vida livre dos aborrecimentos que a outra pessoa ainda quer causar.

Para cortar os laços errôneos que o prendem a outras pessoas, visualize a espada flamejante de chama azul do amado Arcanjo Miguel cortando os laços de co-dependência, como fios de energia que se irradiam de seus chacras. Quando todos estiverem cortados, lance-os para longe, imagine-os dentro de uma fogueira de fogo violeta, queimando-os.

Em seguida, repita três vezes:

Eu Sou a Alma,
Eu Sou a Luz Divina,
Eu Sou Amor.
Eu Sou Vontade.
Eu Sou o Desígnio Imutável.

Logo após, visualize todo seu corpo sendo preenchido por uma luz dourada, desde o chacra coronário até os pés.

Há vários tipos de carmas: pessoal, familiar ou nacional.

Erros na conduta, vícios, traição, mentiras, sedução, depravação, prazer ilusório, corrupção, roubo, ódio, apego, dificuldade de adaptação, brigas por heranças.

Sofrimento emocional, medo, depressão, dificuldade de relacionar-se, separações sucessivas, problemas afetivos.

Deficiência física, problemas de saúde, infertilidade, abortos espontâneos, obesidade, doenças graves, e até os "julgados" distúrbios sexuais.

Acidentes, perda dos bens materiais, dificuldade financeira.

Se for algo que persiste na vida da pessoa, indica um carma negativo, que precisa ser transmutado.

Caso você se encontre numa dessas situações, se algo parecido estiver acontecendo em sua vida, não se desespere nem se entregue ao comodismo alegando ser coisa do destino ou dizendo, como muitos falam, "é o meu carma".

Chega de sofrer e fazer outras pessoas sofrerem. Transmute tudo que for maléfico em benéfico, a negatividade em positividade, tristeza em alegria, o choro em riso, o mal em bem, a doença em saúde, a pobreza em riqueza, a discórdia em concórdia, a desavença em harmonia, a escuridão em luz, a descrença em fé.

Está na hora de fazer mais por você e por todos que não por acaso estão próximos a você ou cruzam o seu caminho. Aceitar uma situação ruim é assinar a sentença que o condena à infelicidade. Você pode curar sua vida, você tem poder para promover milagres em sua vida.

Exemplos de carmas

Afetivo

As dificuldades surgem nos namoros, no noivado, no casamento. O carma pode ser forte a ponto de a pessoa passar toda sua existência sozinha, sem conseguir encontrar alguém para manter um bom relacionamento. Dificilmente, ela viverá uma boa relação. Durante toda sua vida só terá decepções, as pessoas irão se aproximar somente para tirar algum tipo de proveito.

A pessoa que traz consigo esse carma tende a viver na solidão. Será sempre desprezada, ignorada, rejeitada, maltratada, traída ou abandonada. Dificilmente, conseguirá ser feliz no plano afetivo enquanto não transmutar esse carma.

Familiar

Ocorre com as pessoas do próprio sangue, também pode vir por intermédio de terceiros, aqueles que se incorporam na família como genro ou nora, que muitas vezes acaba provocando a desestruturação de uma família que vivia em plena harmonia. Normalmente, as desarmonias, discórdias, desavenças, brigas acontecem por causa dos bens materiais. Todos se esquecem de que o dinheiro que for conseguido por esses meios, não será o suficiente para pagar a dívida que adquiriram ao causar o desequilíbrio e a ruptura de uma família. Tarde ou cedo terão de quitar essa dívida a duras penas.

Saúde

Existem muitas pessoas com problemas de saúde que são de origem cármica. Por exemplo, uma pessoa que sofre de anemia crônica, em vidas passadas não valorizou a própria vida. As que usaram o poder da palavra falada para difamar, caluniar, fofocar sobre outras pessoas, apresentam problemas na garganta. Muitos dos problemas podem ser decorrentes do uso de drogas, que incluem calmantes, antidepressivos, bebidas, cigarros e todas as drogas em geral.

Mau uso do sexo, sentimentos de ódio, mágoa e depressão também trazem conseqüências prejudiciais ao corpo e a saúde. Lembre-se que, quando os problemas são crônicos, sua natureza é cármica.

Conforme diz *Sai Baba:*

"É a mente que cria a servidão; é a mente que cria a libertação".

Físico

Provavelmente um dos carmas mais difíceis de se lidar e superar, tanto pode ser adquirido ao nascer como no percurso da vida. Como no caso de uma pessoa que por muitos anos teve facilidade de se locomover de um lado para o outro sem o auxílio de ninguém e, de repente, perde uma perna num acidente ou fica inválida por outra razão e passa a depender de outras pessoas para tudo. Isso ocorre de acordo com as conseqüências do seu modo de viver em vidas passadas. É a lei, o que se planta se colhe.

Financeiro

A maioria das dificuldades financeiras ocorre devido ao carma negativo adquirido pelas próprias atitudes relacionadas ao dinheiro. Hoje, vemos que este tipo de carma não é somente pessoal, tornou-se mundial, devido ao mau uso do dinheiro, aos abusos e absurdos gerados pela ganância humana que as pessoas vêm praticando ao longo do tempo.

Vemos pessoas totalmente despreparadas que obtêm sucesso e realização financeira, enquanto outras que possuem vastos conhecimentos sofrem com enormes dificuldades financeiras. É uma lição para se aprender por meio do trabalho duro e honesto e, a partir dessa experiência, valorizar as oportunidades. Atualmente, a maioria das pessoas estão passando por esse processo.

A melhor maneira de superar esse carma é por meio do trabalho assistencial, doando pouco ou muito do seu tempo ou de seu dinheiro para aqueles que nada podem fazer além de esperar auxílio de outros. Quanto mais uma pessoa dá, mais ela recebe. Obviamente, todas as doações devem ser feitas de coração, e de acordo com as condições da pessoa, caso contrário serão prejudiciais.

Lição cármica de acordo com o signo

Cada dificuldade é uma lição que traz aprendizado e a oportunidade de fortalecer o próprio espírito no progresso a sua evolução.

(40) "Cada um dos signos estudados deve ter suas características transpostas para três situações distintas: a da ação, a do pensamento e a

40. Do livro *Karma – A Origem da Dor*, Celina Fioravante, Editora Pensamento.

da sensação. A área da ação está ligada ao signo astrológico solar, pois é ele que determina como a pessoa age. A área do pensamento está ligada ao signo astrológico ascendente, uma vez que esse signo indica como a pessoa pensa. E, por fim, a área da sensação está ligada ao signo astrológico lunar, pois este signo mostra como a pessoa sente".

Obviamente, a pessoa sabe qual é o seu signo solar (pela data de seu nascimento). Já para saber o signo ascendente e signo o lunar, é preciso buscar orientação junto a um astrólogo, pois são precisos alguns cálculos para se determiná-los.

Áries

Tem como características positivas: a coragem e a determinação.

Tem como características negativas: o egoísmo, a impaciência e a impulsividade.

Deve aprender: a usar o poder da mente e a respeitar as pessoas mais fracas.

Touro

Tem como características positivas: a lealdade, a perseverança e a produtividade.

Tem como características negativas: a teimosia, a gula e a ambição.

Deve aprender: a se expressar, a se disciplinar espiritualmente, a ser paciente e organizado na vida diária, a desapegar-se da matéria e a ser útil para as pessoas sem procurar visar vantagens.

Gêmeos

Tem como características positivas: a versatilidade, a agilidade, o jeito espirituoso.

Tem como características negativas: a superficialidade, a indecisão e a inconstância.

Deve aprender: a ouvir mais as pessoas, a ser prestativo, a controlar as emoções, a ser persistente e positivo nos seus objetivos, a ser disciplinado e a confiar na própria capacidade.

Câncer

Tem como características positivas: a compreensão, a intuição e a sensibilidade.

Tem como características negativas: a instabilidade e a fantasia.

Deve aprender: a valorizar as pessoas, a usar a imaginação de maneira positiva, a confiar na própria capacidade, a não abusar do poder para controlar as pessoas.

Leão

Tem como características positivas: a coragem e a generosidade.

Tem como características negativas: a vaidade e a arrogância.

Deve aprender: a vencer a vaidade e o orgulho, a superar crises relacionadas à família, a compreender sua missão espiritual, a desenvolver a compaixão e a caridade, a aceitar as pessoas como elas são.

Virgem

Tem como características positivas: a eficiência e a sinceridade.

Tem como características negativas: o perfeccionismo e a intolerância.

Deve aprender: a superar as crises familiares, a compreender sua missão espiritual, a vencer os vícios, sobretudo a tendência à hipocondria, a aceitar as pessoas como elas são, a vencer a timidez e a não ser volúvel.

Libra

Tem como características positivas: a diplomacia e a estratégia.

Tem como características negativas: a ironia e a indecisão.

Deve aprender: a transmutar as energias negativas, a tomar decisões, a não querer tirar vantagem de tudo, a manter equilíbrio entre o material e o espiritual.

Escorpião

Tem como características positivas: a decisão e a disciplina.

Tem como características negativas: a inflexibilidade e a inveja.

Deve aprender: a controlar os impulsos, a saber a hora de falar e de calar-se, a fazer uso correto dos poderes espirituais, a jamais usá-los para prejudicar alguém, a não criar inimizades, a não gerar conflitos nem envolver-se em fofocas, falando mal dos outros.

Sagitário

Tem como características positivas: a independência e o otimismo.

Tem como características negativas: a agitação e a imprudência.

Deve aprender: a doar-se mais para as pessoas, a desapegar-se dos bens materiais, a usar as palavras com sabedoria, a lidar com a solidão.

Capricórnio

Tem como características positivas: a responsabilidade e a ambição.

Tem como características negativas: a rigidez e a avareza.

Deve aprender: a desapegar-se da matéria, a deixar de ser egoísta pensando somente no seu bem-estar, a desligar-se do passado, a viver plenamente o presente e não guardar mágoas.

Aquário

Tem com características positivas: a invenção e a originalidade.

Tem como características negativas: a rebeldia e a indiferença.

Deve aprender: a sentir compaixão e amor pelas pessoas, a encarar a realidade, a caminhar com as próprias pernas, a não usar as pessoas para atingir seus objetivos, a usar a espiritualidade para o bem.

Peixes

Tem como características positivas: o misticismo e o altruísmo.

Tem como características negativas: a confusão e o masoquismo.

Deve aprender: a vencer a ilusão, a fantasia e o deslumbramento, a manter o equilíbrio entre a emoção e a razão, a ser independente, a trabalhar melhor a carência afetiva e a não fazer chantagem emocional.

Qualquer pessoa pode mudar sua vida, basta mudar sua maneira de ver a vida e, principalmente, esforçar-se para melhorar seus relacionamentos. Afinal, "vida é relacionamento". Tudo que ocorre em nossas vidas se origina dos nossos relacionamentos. Por isso, é preciso aprender a se relacionar.

Às vezes, quando uma pessoa se propõe a se transformar, muitas dificuldades surgem. Mas todas as dificuldades que encontramos em nossa trajetória surgem justamente para aprendermos a lidar com certos desafios, que por muito tempo evitamos enfrentar. Uma das justificativas mais usadas para não se fazer nada diante os desafios é a horrível afirmação: "é o meu carma, o que posso fazer?" Ouvir isso é muito triste, pois nos vemos diante de uma pessoa que se põe como fraca, meramente por comodismo.

Todos nós temos condições de mudar, precisamos acreditar e ser perseverantes em nossos propósitos. Sem perseverança é difícil vencer. Os desafios surgem para serem vencidos, os problemas para serem resolvidos. Dos problemas não devemos fugir, é preciso resolvê-los, sabendo que para cada um existe uma solução. Lembre-se de que somos livres quando sabemos e escravos quando desconhecemos. Se não enfrentarmos e solucionarmos nossos problemas, seremos como alunos repetentes que não atingiram a média e foram reprovados. E então teremos de passar por tudo novamente até que aprendamos toda a lição e possamos subir mais um degrau em nossa escala de evolução.

Mente quem diz que não tem nenhum tipo de problema. Todos nós temos problemas, sejam mínimos, médios ou grandiosos. Afinal, se fossemos tão evoluídos não precisaríamos estar aqui lutando para evoluir. Lembrando que os problemas não surgem do nada, eles são criados por alguém e esse alguém pode ser a própria pessoa.

À medida que se evolui, tudo começa a se transformar para melhor. Na vida de cada um de nós sempre surgirá algum tipo de embaraço, ninguém está livre de colher o que plantou. Nenhuma dívida pode ficar pendente. Todas devem ser resgatadas.

Construímos nossas vidas com nossos pensamentos, nossas atitudes e nossas ações no percurso de cada jornada que nos foi permitida por Deus. Não temos da vida senão aquilo que dela fazemos.

A cada existência que nos é permitido viver, escrevemos um livro ou uma simples página do livro de nossa vida. Tudo que fazemos ou deixamos de fazer é registrado.

Ao longo de cada existência construímos situações que a qualquer hora teremos de enfrentar corajosamente.

Lutar por nossa evolução é um dever de cada um de nós.

Cada um de nós não se encontra aqui por mero acaso. Todos nós pedimos para nascer. Não há uma única pessoa que não tenha pedido por essa oportunidade de continuar sua evolução.

Algumas pessoas, em vez de quitar suas dívidas, acabam adquirindo outras. Consciente ou inconscientemente, aumentam seus carmas negativos.

As pessoas com quem mais temos dificuldades para nos relacionarmos são aquelas de quem mais temos de estar próximos, pois é justamente com elas que temos de solucionar problemas pendentes.

Tudo que vivemos é o resultado da nossa energia mal empregada por meio de um mau comentário, de uma explosão de mau humor, da impaciência com os outros, da irritabilidade constante e freqüentemente sem motivo. A briga pelo poder, a competição pelo espaço nos afastam do sentimento de solidariedade, tudo por causa das nossas fraquezas diante das inúmeras tentações.

Existem certas "provações e provocações" que surgem do nada e por nada, e até por pessoas que nunca vimos nesta vida. Mas quem garante que em vidas passadas não fizemos coisas piores a essas pessoas? Agora elas estão à nossa frente para cobrar o que lhes tomamos ou lhes causamos. Lembre-se: *"O que damos nos será devolvido, o que tiramos de nós será tirado"*.

Quase sempre as pessoas que encontramos nesta vida já fizeram parte de nossas vidas passadas. Daí a razão de sentirmos de imediato antipatia ou simpatia por determinadas pessoas. Enquanto não nos reconciliarmos, teremos de voltar junto com elas numa próxima vida.

Uma pessoa sábia nunca cria desafetos. Se acaso houver algum desentendimento, procura sempre se reconciliar, pois assim fica bem mais fácil viver em paz e ser feliz.

Jesus recomendou que procurássemos sempre a reconciliação, que perdoássemos sempre, que pedíssemos perdão pelos nossos erros, que amássemos a todos como Ele nos amou. Graças a Deus, a todo momento temos oportunidades de reparar nossos erros. Muitas vezes a reação de uma pessoa é tão natural para dar o troco a quem lhe provoca que em vez de progredir em sua evolução por meio da oportunidade que está tendo, acaba regredindo. Além de desperdiçar a oportunidade, piora ainda mais a situação, aumentando seu carma negativo com a pessoa que já está endividada.

Acorde! Viva intensamente cada segundo da sua existência. Faça com que esta valha a pena. Cada pessoa que faz parte da nossa vida, quer nos pareça amiga ou inimiga, é muito especial para nós. Cada uma têm seu valor e razão para estar diante de nós.

Vamos acreditar que todos aqueles que julgamos ser nossos inimigos na realidade são nossos mestres. Há mestres que nos ensinam por meio do amor e outros que nos passam os ensinamentos por meio da dor e do sofrimento.

Jamais devemos esquecer que a todo momento temos condições para mudar nossas vidas. O que passou, passou. O presente é que nos importa, porque, exatamente hoje estamos construindo a nossa vida de amanhã.

(41) "Tudo no universo é governado por leis. Existem leis físicas, emocionais, mentais e espirituais. Se você entra em desarmonia com essas leis, sofrerá inevitavelmente. O carma, portanto, não é um castigo, mas uma dádiva, um sinal de que você está desequilibrado.

A atitude correta diante de tudo o que acontece na vida é a seguinte: "Não a minha vontade, mas a tua. Obrigado pela lição". O budismo chama essa atitude de não resistência. Na psicologia, denomina-se aceitação. Em vez de lutar contra o universo, a idéia é trabalhar conjuntamente e aprender com ele. Isso não significa abrir mão do seu poder, mas bem o contrário. Significa assumir o seu poder de encarar tudo o que acontece como lição, um desafio e uma oportunidade de crescer. A idéia é encarar o karma como

41. Do livro *Psicologia da Alma*, Joshua David Stone, Editora Pensamento.

um degrau para o aprimoramento. Não há necessidade de sofrer. O sofrimento não faz parte dos desígnios de Deus; é; na verdade, um desejo seu".

Algumas pessoas fazem regressões a vidas passadas para descobrir a razão de suas dificuldades em alguns relacionamentos, mas se esquecem que de nada adiantará saber os motivos se não se propuserem a aceitar os desafios e a se trabalhar melhor para a harmonização dos seus relacionamentos.

É interessante o fato de as pessoas terem a curiosidade de descobrir quem e o que foram em outras vidas, se nem mesmo se descobriram nesta. Tudo é válido na busca do autoconhecimento, desde que haja uma vontade latente de se aprimorar para uma vida melhor. Nessas regressões, todo mundo foi sempre alguém importante, rei, rainha, imperador, imperatriz. Dificilmente alguém foi empregado, mendigo, escravo.

Talvez em tempos longínquos só existisse nobreza, algo que hoje é o que mais falta no caráter das pessoas. Poucas são as que têm atitudes dignas, nobres, com seus semelhantes, e, muitas vezes, quando isso acontece, de alguma maneira fazem questão de mostrar o quanto são bondosas, generosas e nobres. O que fazemos de bem para as pessoas, (quando feito de coração), não precisamos divulgar, Deus vê.

Qualquer pessoa que fizer regressão a vidas passadas e, como tantas outras, se descobrir como uma pessoa nobre, deve pegar o lado bom de toda a história: mesmo que seja alguém de poucos recursos financeiros, deve sempre ser nobre de caráter, digna em suas atitudes.

Vamos ficar atentos, pois, quando nos propomos a fazer algo de bom, a trilhar um caminho de luz, forças contrárias surgem com o intuito de nos desviar desse caminho, de impedir a realização de nosso objetivo. Devemos sempre pedir orientação ao nosso Mestre Jesus, a Ele também devemos pedir proteção e ajuda para que possamos caminhar livremente no cumprimento da nossa missão. Podemos também contar com a grande ajuda do nosso querido Arcanjo

Miguel, Príncipe das Milícias Celestes. Toda vez que sentir uma energia intrusa, que de alguma maneira coloca obstáculos ou tumultua sua vida para que desista de seguir pelo bom caminho, chame pelo Arcanjo Miguel, ele virá de imediato em seu auxílio, afastará toda energia negativa e maléfica que o estiver cercando e impedindo-o de caminhar na Luz.

Invocação a São Miguel Arcanjo

Arcanjo Miguel, proteja-me, que eu nunca seja atingido pelas maldades dos meus inimigos conscientes ou inconscientes, encarnados ou desencarnados, declarados ou ocultos.

Em ti confio e entrego-me, para guiar-me e proteger-me, por toda minha trajetória terrena.

Para ter a proteção diária do Arcanjo Miguel

São Miguel à frente,
São Miguel atrás,
São Miguel à direita,
São Miguel à esquerda,
São Miguel acima,
São Miguel abaixo.
São Miguel, São Miguel,
Onde quer que eu vá,
Eu Sou o seu amor, que protege aqui. (Repita 3 vezes).
(Repita 9 vezes, ao todo).

Para obter ajuda do Arcanjo Miguel, sempre que necessário

Arcanjo Miguel, ajuda-me, ajuda-me, ajuda-me.
Arcanjo Miguel, ajuda-me, ajuda-me, ajuda-me.
Arcanjo Miguel, ajuda-me, ajuda-me, ajuda-me...
(diga onde quer que ele o ajude).

Para eliminar as influências maléficas

Arcanjo Miguel e Legiões da Luz (repita 3 vezes), *salvai-me, salvai-me, da feitiçaria e seccionai todas as ligações que estão em torno de mim com vossa espada de Chama Azul.*

Seccionai, seccionai, seccionai, libertai-me e protegei-me.

Eu Sou, Eu Sou, Eu Sou.

Eu vos agradeço, Arcanjo Miguel, o apelo a que atendeste.

Aprendendo a perdoar

"É perdoando que se é perdoado".
SÃO FRANCISCO DE ASSIS

Jesus, em sua oração ao Pai, pede:

"Perdoai as nossas ofensas, assim como nós perdoamos aqueles que nos têm ofendido" (ou: Perdoai as nossas dívidas como nós perdoamos os nossos devedores).

Quando Ele estava prestes a ser crucificado, perdoou de coração, num gesto grandioso de amor. Perdoou quem O traiu, perdoou a todos que ali estavam para ver Seu sofrimento, perdoou a quem ia crucificá-Lo. Numa pequena oração, demonstrou a grandiosidade de Seu coração: *"Senhor, perdoai-os, porque não sabem o que fazem".*

Perdoar é um ato de amor.

"Perdoar é bom; esquecer é melhor."
BROWNING

Temos de aprender a perdoar, embora nem todos nós tenhamos essa capacidade. Somente pessoas de caráter nobre sabem perdoar, pois esse é um ato que exige humildade e amor – atitudes próprias de pessoas evoluídas. Uma pessoa em elevado grau de evolução prefere ser vítima do que autor de uma maldade.

Tudo que fazemos a uma pessoa, seja bom ou ruim, estamos fazendo a nós mesmos.

Sem o perdão é difícil livrar-se dos obstáculos que nos impedem de sair do estágio que nos encontramos.

Quando uma pessoa diz: "Fulano me fez mal, e eu o perdôo, porém não o quero mais perto de mim", isso não é perdão. Perdão é esquecer por completo a mágoa ou o ressentimento em relação à pessoa. Para saber perdoar é preciso saber amar e, quando todos aprenderem a amar e a cultivar o amor em seu coração, haverá a paz e a harmonia que todos almejam, mas pouco fazem para adquirir ou por merecer.

O texto abaixo me foi enviado por um leitor que o retirou da internet, sendo de autor desconhecido. Transcrevo-o aqui para que, a partir dessa mensagem, todos possam refletir sobre os seus erros diante de algumas situações de sua vida.

Perdoar

Era uma vez um rapaz que ia muito mal na escola. Suas notas e o comportamento eram uma decepção para seus pais que, como bons pais, sonhavam em vê-lo formado e bem-sucedido. Um belo dia, o bom pai lhe propôs um acordo: "Se você, meu filho, mudar o comportamento, dedicar-se aos estudos e for aprovado no vestibular para a Faculdade de Medicina, lhe darei então um carro de presente. Por causa do carro, o rapaz mudou da água para o vinho. Passou a estudar como nunca e a ter um comportamento exemplar. O pai estava feliz, mas tinha uma preocupação. Sabia que a mudança do rapaz não era fruto de uma conversão sincera, mas apenas do interesse em obter o automóvel. Isso era ruim!

O rapaz seguia os estudos e aguardava o resultado de seus esforços. Assim, o grande dia chegou! Fora aprovado para o curso de Medicina. Como havia prometido, o pai convidou a família e os amigos para uma festa de comemoração. O rapaz tinha por certo que na festa o pai lhe daria o automóvel. Quando pediu a palavra, o pai elogiou o resultado obtido pelo filho e lhe passou às mãos uma caixa de presente. Crendo que ali estavam as chaves do carro, o rapaz abriu emocionado o pacote. Para sua surpresa, o presente era uma Bíblia. O rapaz ficou visivelmente decepcionado e nada disse.

A partir daquele dia, o silêncio e a distância separavam pai e filho. O jovem se sentia traído, e agora, lutava por ser independente. Deixou a casa dos pais e foi morar no campus da Universidade. Raramente mandava notícias à família. O tempo passou, ele se formou e conseguiu um emprego em um bom hospital e se esqueceu completamente do pai. Todas as tentativas deste para reatar os laços foram em vão.

Até que um dia o velho, muito triste com a situação, adoeceu e, não resistindo, veio a falecer. No enterro, a mãe entregou ao filho, indiferente, a Bíblia que tinha sido o último presente do pai e que havia sido deixada para trás. De volta à sua casa, o rapaz, que nunca perdoara o pai, quando colocou o livro numa estante, notou que havia um envelope dentro dele. Ao abri-lo, encontrou uma carta e um cheque.

A carta dizia:

"Meu querido filho, sei o quanto você deseja ter um carro. Eu prometi e aqui está o cheque para você, escolha aquele que mais lhe agradar. No entanto, fiz questão de lhe dar um presente ainda melhor: A Bíblia sagrada. Nela você aprenderá o amor de Deus e a fazer o bem, não pelo prazer de recompensa, mas pela gratidão e pelo dever de consciência".

Corroído de remorso, o filho caiu em profundo pranto.

Como é triste a vida dos que não sabem perdoar. Isso leva a erros terríveis e a um fim ainda pior. Antes que seja tarde, caro leitor, perdoe aquele a quem você pensa ter-lhe feito mal. Talvez se olhar com cuidado, vai ver que há também um "cheque escondido" em todas as adversidades da vida.

Perdoar é uma demonstração de superioridade, é uma atitude de um espírito elevado. Almas fracas dificilmente conseguem perdoar.

Aprenda a não se importar com as maldades que lhe são direcionadas. Nenhuma maldade poderá atingi-lo se seu coração estiver preenchido de amor.

[42] "Tudo quanto os outros vos fizeram – pequenas indelicadezas, injustiças, palavras impensadas – pertence ao "irreal", porque somente afeta a personalidade, o eu inferior, que é irreal, efêmero.

Tudo quanto fizer crescer o amor, o desejo de perdoar e a doçura, pertence ao "real" – pois atua sobre o vosso Eu Superior, que é real.

Procurai sentir amor por aqueles que vos injuriam, elevando a vossa consciência ao Eu Superior, que é o vosso verdadeiro Eu.

O perdão não mais é necessário onde o amor realmente existe.

Perdoai sempre; pagai o ódio com amor, as grosserias com gentilezas, e mentalmente auxiliai os vossos inimigos...

Fazei aos outros aquilo que desejaríeis fosse feito a vós".

Deus é Amor e se Deus está em você, quem poderá contra você?

Se você errou e não está sendo perdoado, siga em frente com sua vida, não fique triste, pois há muitas outras pessoas necessitando do seu apoio, do seu carinho e da sua demonstração de amor. Perdoe aquela pessoa que não despertou para o real significado da vida, ela ainda precisa passar por algumas lições para chegar ao seu nível.

Vamos aprender a amar não somente os que estão próximos de nós, mas toda a humanidade. Amar não é uma questão de opção; mais do que nunca, tornou-se uma grande necessidade.

Todos nós precisamos do perdão, no mundo todos precisam de amor. A cada instante precisamos perdoar e amar, ser perdoados e ser amados.

"Ainda que eu falasse as línguas dos homens e dos anjos, se não tivesse amor nada seria".

Coríntios, 13

A pessoa que não perdoa deixa que a mágoa fique corroendo todo o seu ser e, com o tempo, acaba adquirindo uma doença. O sentimento de mágoa aniquila

42. Krishnamurti, *Aos Pés do Mestre,* Editora Pensamento.

todas suas possibilidades de sucesso na vida. Quando a mágoa invade seu coração e permanece nele, isso provoca o desequilíbrio desse chacra e, quando isso ocorre, você acaba contraindo uma doença. Você prefere guardar uma mágoa e tornar-se uma pessoa doente ou liberar esse sentimento negativo e tornar-se uma pessoa completamente saudável?

A escolha é sua. A todo momento é tempo de se modificar e ser feliz.

Vale lembrar que o perdão é a energia mais pura do amor, a comprovação de que Deus habita em nós.

Oração [43]

Fulano (diga o nome da pessoa que deseja se reconciliar),
eu o perdoei e você me perdoou,
eu e você somos um só perante Deus.
Eu o amo e você me ama também;
eu e você somos um só perante Deus.
Eu lhe agradeço e você me agradece.
Obrigado, obrigado, obrigado...
Não existe mais nenhum ressentimento entre nós.
Oro sinceramente pela sua felicidade.
Seja cada vez mais feliz....

Deus o perdoa,
portanto eu também perdôo.

Já perdoei a todas as pessoas
e acolho a todas elas com o amor de Deus.
Da mesma forma, Deus me perdoa os erros
e me acolhe com o seu imenso amor.

43. Do livro *Meditação para Contemplar a Deus – Shinshokan e Outras Orações*, Seicho No-Ie do Brasil.

Invocação aos Anjos do Perdão

Se alguém se aproximar de mim para me prejudicar, peço que os Anjos do Perdão transmutem esses sentimentos negativos em amor. Perdoa-os, Senhor, porque não sabem o que fazem. Divinos anjos, peço que guiem meus inimigos para a luz.

Apelo [44]

Eu chamo a Lei do Perdão sobre minha cabeça.
Eu chamo, eu chamo, eu chamo.
Eu chamo a Lei do Perdão ao meu coração.
Eu chamo, eu chamo, eu chamo.
Ó! Vós... (diga os nomes das pessoas pelas quais quer ser perdoado).
Perdoai-me, perdoai-me, perdoai-me em vossos corações.
Eu Sou, Eu Sou, Eu Sou.
Eu Sou, Eu Sou, a vitória do Perdão que se espalha sobre a Terra.
Eu Sou, Eu Sou, Eu Sou.
Eu peço e comando que esse apelo seja atendido com a rapidez do relâmpago pela luz do Grande Sol Central.

[(45)] "Haver dito alguma vez no passado: 'É tudo minha ou sua culpa', ou 'Jamais o perdoarei' são indicações claras de que a pessoa ainda não se desligou, embora tenha esquecido, no nível consciente, de que se trata. Quer o seu papel tenha sido o de receber, quer estivesse na outra ponta, é muito bom retroceder a esses momentos e desligar-se conscientemente. Se aí você encontrar algo que entenda que deve recuperar, poderá pedir desculpas, escrevendo uma carta, enviando flores, prestando um serviço a um terceiro em atenção àquele em face de quem se sente culpado.

Muitas vezes, contudo, se terá perdido de vista a outra pessoa, ou

44. Do *Livro de Apelos*, Vahali-Brasil, 1989.
45. Do livro *O Enigma das Almas Gêmeas – de Mãos Dadas Através do Tempo*, Judy Hall, Editora Pensamento.

talvez se queira evitar toda e qualquer proximidade com ela. Ainda que seja esse o caso, pode ser muito bom pôr no papel um pedido de desculpas ou uma declaração de que se perdoa, lançando mão de uma fotografia ou 'imagem mental' da pessoa para facilitar a sintonia. Uma vez expresso o que se sente, pode-se, indiferentemente, queimar o que se escreveu ou atirá-lo longe, para que chegue onde tem de chegar. Pode-se liberar a culpa acendendo uma vela e deixando que com ela se queime e dissolva toda a culpa que se tem".

Uma simples visualização também ajuda muito. Você pode se imaginar em frente à pessoa e com ela manter um diálogo amistoso e amoroso. Fale com ela por meio do coração tanto para perdoá-la como para ser perdoado. No momento em que estiver perdoando, escreva uma carta manifestando amor e perdão à outra pessoa. Essa carta deve ser queimada logo após sua conversa por intermédio da visualização.

Aceitando a perda de um ente querido

"Por que choramos quando morrem nossos entes queridos? Porque nos entristecemos com a nossa própria perda. Se eles nos deixam para cursar em melhores escolas de vida, devíamos nos alegrar em vez de ficarmos egoisticamente tristes, pois, ao irradiar nossos desejos egoístas, podemos mantê-los presos à Terra e impedir o progresso deles. O Senhor é sempre novo e por meio de Sua varinha mágica infinita – a Morte Renovadora –, Ele mantém cada objeto criado, cada ser vivo, sempre em manifestação, sempre se remodelando num veículo mais apropriado para Suas inexauríveis formas de expressão. A morte chega ao homem trabalhador como promoção a um nível superior; e aos fracassados, vem para lhes dar uma nova oportunidade num ambiente diferente".

YOGANANDA

Desde que o mundo é mundo, uns vão, outros vêm.

Cada um com a sua missão e seu tempo previsto. O dia da chegada, todos sabem, mas do dia da partida ninguém tem conhecimento da data já estabelecida. Mal sabemos que, quando aqui chegamos, trazemos nossa passagem de ida, com data, hora e local da partida.

Por mais que vivenciemos isso todos os dias, nunca estamos preparados para a despedida. De certa maneira, egoisticamente, pois mais sofremos pela falta que a pessoa nos fará do que com sua partida.

Não é fácil viver sem os que por muito tempo estiveram ao nosso lado. A ausência de quem amamos nos desequilibra por completo, até que retornemos ao nosso eixo. E, por mais que passemos a aceitar o fato de não ter a pessoa mais junto de nós, a saudade sempre se faz presente.

Sabemos que a morte é a continuidade da vida, que aqui estamos de passagem, para cumprirmos a missão que a cada um de nós foi atribuída. No término de nossa existência, retornamos a nossa real origem e morada. Vale lembrar que, somos espíritos, vivenciando uma experiência humana. E, como humanos, começamos a errar a partir do momento em que começamos a nos apegar às pessoas que estão próximas a nós, vivenciando essa experiência.

Toda perda machuca, dói profundamente, só quem passou por algo assim sabe o quanto dói. Mas acreditar no reencontro ajuda-nos a superar a despedida tão dolorosa de quem tanto amamos.

Por mais que sejamos fortes, sentimo-nos fracos, excessivamente, fragilizados nesse momento.

O tempo pode ser um grande aliado, mesmo que, por meio dele venha a conscientização de que a saudade não passa, ela aumenta conforme vemos quanta falta nos faz aquele que se foi.

Dar força a quem perde alguém pode ser fácil, difícil é ter essa força quando a perda é nossa.

O fato de acreditarmos na continuidade da vida, no reencontro, na reencarnação... em nada diminui a saudade de quem se foi, daquele ser que tivemos ao nosso lado e que tanto amamos.

A sua partida deixa um espaço aberto em nossa vida, que nada nem ninguém conseguirá ocupar.

Ninguém substitui ninguém, principalmente, aquela pessoa que tanto foi importante para nós, num curto ou longo espaço de tempo.

Sabemos que nada nem ninguém é permanente em nossas vidas. Tudo é transitório, nada nos pertence. Coisas e pessoas passam por nós em lapsos de segundo em cada existência. Por isso devemos aproveitar cada instante que está diante de nós.

Yogananda diz:

"Envie pensamentos de amor e boa vontade aos seus entes queridos sempre que se sinta inclinado a isso, mas faça-o pelo menos uma vez por ano – talvez em algum aniversário especial. Diga-lhes mentalmente: "Nós nos encontraremos de novo no futuro e continuaremos a desenvolver nosso amor divino e amizade mútua". Se você lhes enviar agora, o tempo todo, seus pensamentos amorosos, algum dia vocês certamente se encontrarão de novo. Você saberá que esta vida não é o fim, mas apenas um elo na eterna corrente de seu relacionamento com os seus entes queridos".

Nosso comportamento em relação àqueles que partiram é fundamental, pois quanto mais choramos por eles, lamentamos por suas partidas e, especialmente, chamamos pelos seus nomes, maior é o grau de aflição e desespero que lhes causamos. Eles ouvem nossos apelos desesperados, principalmente, se fizer pouco tempo que partiram. Ficam desesperados para nos responder, nos consolar nesse momento de grande aflição para quem ficou e para quem se foi.

A única coisa que podemos fazer nessas horas é orar, pedindo que sigam seus caminhos em paz, e sempre em direção à luz.

A oração é o melhor remédio para aliviar e curar a terrível dor da separação Ela traz alívio para as nossas aflições e auxilia no caminho dos que se foram. A seguir, as orações que ajudam a suportar e a superar esses terríveis momentos.

Prece de Cáritas

Deus, nosso pai,
que Sois todo poder e bondade,
dai força àqueles que passam pela provação,
dai luz àqueles que procuram a verdade,
e ponde no coração do homem a compaixão e a caridade.
Deus,
dai ao viajor a estrela guia, ao aflito a consolação,
ao doente o repouso.
Pai,
dai ao culpado o arrependimento, à criança o guia, ao órfão o pai.
Que Vossa bondade se estenda sobre tudo que criastes.
piedade meu Deus para aqueles que não Vos conhecem,
esperança para os que sofrem.
Que a vossa bondade permita aos espíritos consoladores
derramarem por toda a parte a paz, a esperança e a fé.
Deus,
um raio, uma faísca do Vosso amor pode abrasar a Terra.
Deixai-nos beber na fonte dessa bondade fecunda e infinita
e todas as lágrimas secarão e todas as dores acalmar-se-ão.
Um só coração, um só pensamento subirá até Vós
como um grito de reconhecimento e de amor.
Como Moisés sobre a montanha, nós Vos esperamos
de braços abertos.
Oh! Bondade, Oh! Beleza, Oh! Perfeição, e queremos
de alguma sorte merecer a Vossa misericórdia.
Deus,
dai-nos a força de ajudar-nos no progresso de subir até Vós,
dai-nos a caridade pura, dai-nos a fé e a razão,
dai-nos a simplicidade que fará de nossas almas
o espelho onde refletirá um dia a Vossa santíssima imagem.

Oração de São Francisco de Assis

Senhor;
fazei de mim um instrumento da vossa paz!
Onde houver ódio, que eu leve o amor,
onde houver ofensa, que eu leve o perdão;
onde houver discórdia, que eu leve a união;
onde houver dúvida, que eu leve a fé;
onde houver desespero, que eu leve a esperança;
onde houver trevas, que eu leve a luz, e
onde houver tristeza, que eu leve a alegria.

Ó! Divino Mestre, fazei com que eu
procure mais consolar do que ser consolado;
compreender que ser compreendido;
amar que ser amado;
pois é dando que se recebe;
é perdoando que se é perdoado;
e é morrendo que se nasce para a vida eterna.

Uma prece para as almas que hoje estão partindo da Terra

(ESTA ORAÇÃO DEVE SER FEITA QUANDO FOR NECESSÁRIO)

Amada Presença de Deus Eu Sou nos corações de toda a humanidade, amado Arcanjo Miguel, arcanjo da libertação e tuas hostes angélicas.

Em nome das almas da humanidade – particularmente das que serão retiradas hoje das suas formas mortais pelo nosso Pai Celestial – eu faço este chamado.

Que os anjos da paz, permaneçam junto ao corpo físico de cada alma, mantendo em paz perfeita a aura e os sentimentos daqueles que partem da oitava física, assim como dos que estão testemunhando neste momento.

Pela presença dos serafins de Deus, que a aura de santidade seja mantida na hora solene da transição para que a alma possa ser libertada do seu tabernáculo terreno pelas legiões dos arcanjos Miguel, Gabriel, Rafael e Uriel.

Que todo medo e dúvida, tristeza pela separação e pesar pela partida de seres queridos sejam consumidos pelos anjos da Chama Violeta do Arcanjo Zadkiel, de modo que as almas que se encontram no limiar de uma nova liberdade não fiquem angustiadas.

Que os anjos da libertação do Senhor vão ao encontro de cada alma. Que nenhuma corrente de vida pertencente à evolução da Terra atravesse, sem ajuda, o véu da assim chamada morte.

De acordo com a sua vontade, que todos os filhos de Deus que passarem da tela da vida neste dia sejam levados aos templos de misericórdia e perdão e banhados nos fogos purificadores da Chama Violeta de Saint Germain.

Que sejam preparados para se apresentarem perante os Senhores do Carma na dignidade do seu Cristo Pessoal e plenamente conscientes; que cada um seja enviado a uma escola da vida para que lhe seja dada a oportunidade de estudar a Grande Lei da sua própria evolução.

Invoco os Senhores da Misericórdia e do Amor para que envolvam todos aqueles cujos seres queridos estão prestes a partir ou partiram recentemente desta Terra, para que transmutem e consumam todo o fardo e sentimento de perda, e para que preencham todos os corações e lares com paz e compreensão pela oportunidade concedida às almas chamadas a outros reinos para progredir na senda da vida eterna.

Que assim seja! Aceito que isto seja feito em nome do nosso Senhor e salvador Jesus Cristo. Amém.

A separação

"Não existe nenhum relacionamento duradouro – amizade, filhos, irmãos, parentes, relações profissionais – que não exija esforço. Temos de nos dedicar, e nos dedicar muito, para mantermos essa interação com os outros".
ELIZABETH CLARE PROPHET

É incrível o número crescente de separações, parece algo habitual. As pessoas casam-se já pensando que se não der certo separam-se e partem para outra tentativa até acertar. Quantos casamentos são desfeitos em tempo recorde? Muitas vezes até antes de serem oficializados, há aqueles que se separam dias antes, uns no dia do próprio casamento e outros logo na lua-de-mel ou poucos dias depois.

A dificuldade de convivência começa já no período de adaptação, quando se exige de ambas partes uma certa dose de paciência e tolerância, e parece que as pessoas andam um tanto impacientes e intolerantes, pensando somente no seu bem-estar, sem se importar com o que vai sobrar para a outra parte.

Muitos casamentos acontecem no auge de uma grande paixão, e, quando esta acaba, o relacionamento vai para o espaço.

Algumas pessoas angustiadas com a própria solidão e no desespero para encontrar alguém acabam se envolvendo cegamente com a primeira pessoa que encontram.

Toda paixão é passageira e movida apenas pelos impulsos sexuais. Amor é algo mais profundo, nele existe carinho e respeito, sentimentos importantes dentro de qualquer relação. Quando há amor fica muito mais fácil preservar o relacionamento e torná-lo mais duradouro.

Toda separação, por mais que seja esperada ou desejada, causa dor. Por mais que queiram se separar, as pessoas nunca estão preparadas. Por incrível que possa parecer, elas sentem falta até do mal-estar que as outras lhe causam. Acredite ou não, é muito mais fácil casar do que separar.

Dizem os antigos que casamento é como uma porcelana, uma vez trincada, sempre aparecerá a ruptura.

No primeiro sinal de discórdia, deve-se procurar dialogar, jamais permitindo que o desrespeito tome espaço. As palavras dificilmente são esquecidas e, dependendo de como são expressas, deixam marcas profundas. Dialogar é necessário, mas saber usar as palavras é de suma importância dentro de uma relação. As palavras tanto podem conduzir as pessoas na construção do casamento como na sua destruição. Ninguém irá adivinhar o que se passa com o outro se ele não se abrir. *Virginia Satir* expressa isso nas seguintes palavras:

"A comunicação representa para o relacionamento o mesmo que a respiração para o viver".

O egoísmo que se encontra hoje no mundo, com cada um pensando somente em si e em seu próprio bem-estar, torna difícil a convivência em qualquer relacionamento, mas é muito mais prejudicial numa relação conjugal. De nada adiantará uma das partes renunciar a favor da outra, pois nesse momento já começará a acontecer a desarmonia.

Geralmente, se formos ouvir duas pessoas que se separaram, cada uma dirá que está certa e que a outra errada. Já reparou que sempre o outro é o errado, nunca a própria pessoa? Quando um casamento desmorona, não existe culpado, mas sim culpados, pois um casamento ocorre entre duas pessoas. Se ele é perfeito e feliz, o mérito é de ambas, mas se há a ruptura, o erro foi dos dois, um errou em cima do erro do outro, portanto 50% de culpa para cada um. A pior coisa que uma pessoa pode fazer é comentar com outras pessoas sobre seu casamento, ele vai virar um livro, no qual após todos lerem, cada um irá querer inserir sua opinião. Isso vai colocar muitas coisas a mais na cabeça de quem já está fragilizado e o relacionamento vai piorar ainda mais com as opiniões alheias. Está na hora das pessoas assumirem suas falhas, pois é a partir disso que se começa a correção: ou o crescimento e progresso para o próximo relacionamento ou a melhora daquele em que se está envolvido.

(46) "Uma alegria serena é qualidade que auxilia mesmo no maior sofrimento...

Tende esperança e sede fortes...

...Pensai sempre na felicidade dos outros – e fazei o que puderdes para aumentá-la...

Tornai-vos um foco de luz e fazei o mundo mais feliz pela vossa presença.

Tende sempre pensamentos felizes; já existe no mundo tristeza bastante.

Transformai as vibrações de tristeza em vibrações de alegria.

A vida é digna de ser vivida, se vos elevardes acima das limitações criadas por vós mesmos".

Devemos sempre fazer de tudo para manter um bom relacionamento com as pessoas, mas obviamente, nem tudo depende só de nós. É preciso colaboração, de nada adianta uma pessoa se esforçar, enquanto a outra parte nada faz para colaborar. Nesse caso é preferível que ocorra uma separação, pois se ambas continuarem insistindo numa rela-

46. Do livro *Aos Pés do Mestre*, Krishnamurti, Editora Pensamento.

ção que já fracassou, a tendência é piorar a relação entre os dois. O relacionamento passa a ser um incômodo, o dia-a-dia insuportável, o respeito desaparece, ambos mal conseguem se olhar, não existe mais diálogo e, normalmente, quando trocam palavras, estas são sempre agressivas.

Enfim, quando chega nesse ponto, em que os dois já estão extremamente machucados, magoados um com o outro, é preferível optar por uma separação, que será mais saudável para ambos.

Obviamente, os dois devem querer a separação e também se ajudar, pois é preciso lembrar que toda separação, por mais que a queiramos, causa dor. Não é fácil superar rapidamente uma separação.

Todas as escolhas que fazemos em nossas vidas devem ser feitas conscientemente. Não devemos tomar atitudes precipitadas, mas também não podemos adiar, ficar empurrando com a barriga um relacionamento que nos faz mais mal do que bem.

Sabemos que tudo na vida passa, e esse momento também passará.

Há muitas pessoas que, por comodismo, preferiram e preferem continuar numa relação fracassada a ter de tomar alguma atitude. Sempre se justificam com algum motivo: sociedade, família, dependência emocional ou financeira e, atualmente, há a justificativa de que sai mais barato e também não é necessário dividir os bens.

É difícil acreditar que apesar de estarmos no século 21 ainda existam pessoas com essa mentalidade. Viver por viver, independentemente do que de fato desejam viver.

A verdade é que ninguém pertence a ninguém. E ninguém pode forçar uma convivência ao lado de alguém que não quer mais, por capricho, covardia, demonstração de força e poder.

A vida de cada um pertence a cada um, ninguém tem o direito de exigir que alguém viva da forma que o outro determina.

Cada um de nós deve buscar sua própria felicidade e não se anular para fazer outros felizes, pois, se não estamos felizes com nossa própria vida, como poderemos fazer outros felizes?

Se um relacionamento não está bom, é preferível que cada um siga seu caminho, respeitando o outro e ganhando um amigo ao em vez de os dois insistirem em se aturar mutuamente, transformando a outra pessoa num futuro inimigo.

Independentemente de qualquer atitude, mantenha sempre sua serenidade, não jogue a culpa nas costas do outro, não guarde mágoas, não cobre por nada. Pois devemos agradecer tudo de bom ou de ruim que vivemos. Se o momento está ruim, sabemos que também já existiram momentos bons e felizes e de ambos extraímos lições e com estas crescemos e nos fortalecemos.

Geralmente, quando um casal está se separando é notável o desaparecimento do sentimento bonito que existia no início da relação. Parece que esse sentimento se transforma num monstro esfomeado. Palavras agressivas voam de um lado ao outro e na disputa de quem pode mais, o casal mal percebe que os maiores atingidos são os filhos envolvidos (se os tiverem). Tanto o homem como a mulher devem nesse momento agir com maturidade em respeito aos filhos, pois o homem, embora queira atingir a mulher, está atingindo a mãe dos filhos dele e, conseqüentemente, os próprios filhos, e vice-versa.

É aquela história, quando um não quer dois não brigam. E se os dois quiserem, podem conseguir manter um bom relacionamento, mesmo que separados, para o bem dos próprios filhos.

Como já mencionado, antes de tomar uma atitude, pense, repense, chame a outra pessoa para conversar e ajudá-lo a encontrar uma solução, pois não sei se você se lembra, mas no início do relacionamento, vocês decidiram juntos pela união, e agora é mais do que certo que também decidam juntos pela escolha que irão fazer.

Falando dos problemas

(47) *"Quando surge um problema, em vez de ficar o tempo todo remoendo-o, procure encontrar as alternativas possíveis para se livrar dele. Se você for incapaz de pensar, compare suas dificuldades com as dificuldades semelhantes de outras pessoas e, aproveitando as suas experiências, aprenda quais caminhos levaram ao êxito e quais levaram ao fracasso. Escolha os passos que lhe parecem lógicos e práticos e, então, ponha as mãos à obra para implementá-los. Toda a biblioteca do Universo está oculta em você. Todas as coisas que você quer saber estão dentro de você. Para fazer aflorar esse conhecimento, pense de modo criativo".*

YOGANANDA

No mundo existem todos os tipos de problemas. Todos nós temos problemas, sejam pequenos, médios ou grandes. E estes são gerados por nós mesmos, ninguém é responsável por nossos problemas além de nós. Com a mesma facilidade que os criamos, devemos também procurar solucioná-los. Na hora de criá-los não pedimos auxílio a ninguém, então por que incomodar as pessoas com eles, se elas já tem seus próprios problemas para resolvê-los?

Há pessoas que adoram criar problemas, mas geralmente são elas que sempre acabam tirando o corpo fora e jogando-os nas mãos de outros para que os resolvam.

47. Do livro: *Onde Existe Luz - Discernimento e Inspiração para Enfrentar os Desafios da Vida,* Paramahansa Yogananda, Self-Realization, Fellowship, 1997.

Está na hora de cada um assumir suas próprias responsabilidades. Chega de procurarmos por culpados ou por alguém para resolver aquilo que nós mesmos criamos.

Se cada um começar arcar com o que procurou por meio de suas atitudes, com certeza os problemas desaparecerão, pois ninguém irá querer arcar sozinho com os resultados de suas escolhas.

É muito fácil criar problemas sabendo que sempre haverá alguém para resolvê-los .

Antes de agir, devemos pensar que toda ação traz uma conseqüência e, dependendo da nossa atitude impensada, ela pode gerar situações desastrosas em nossas vidas e, conseqüentemente, em nossos relacionamentos.

É muito triste saber que existem pessoas que em vez de procurar resolver seus próprios problemas ficam bisbilhotando os dos outros. Se mal conseguem resolver seus problemas, por que se metem em outros que não lhes dizem respeito?

Se cada um começar a fazer sua parte, procurar se corrigir, em vez de apontar os erros do outro, vamos começar a adquirir respeito não somente pelos outros, mas principalmente por nós mesmos. Quando o respeito começa a se fazer presente em todos os relacionamentos, é sinal que a maturidade está chegando, e quando a adquirimos conseguimos criar relacionamentos mais harmoniosos e felizes.

De nada adianta querer acabar com os problemas do mundo se não soubermos acabar com os nossos próprios problemas, que se analisarmos são tão pequenos e muitas vezes mais imaginários do que reais.

Se cada pessoa é única, cabe somente a ela encontrar a solução para seus problemas.

Cada problema resolvido é um relacionamento ajustado e cada relacionamento ajustado gera harmonia no mundo em que vivemos.

[48] "Na nossa vida, existem momentos – e mesmo períodos prolongados – em que de repente tudo parece ter chegado ao fim. Somos sacudidos até as profundezas do nosso ser por acontecimentos que nos obrigam a tomar decisões difíceis, ao mesmo tempo que nossos sentimentos se agitam de tal modo que não sabemos o que fazer."

Toda crise sempre traz algum reajuste e, normalmente, chega após alguma dor, sofrimento, dificuldade, transtorno, incerteza ou insegurança. Em geral, as crises surgem para promover mudanças, ou seja, eliminar algo não mais necessário em nossas vidas para que o novo possa chegar.

Esses períodos sempre trazem rompimentos, quebras de velhas estruturas construídas sobre alicerces falsos. E mesmo que nos dilacere, esta transformação é necessária para um novo crescimento. O que pode momentaneamente nos ser doloroso será em breve um aprendizado valioso que nos possibilitará novas visões, novos caminhos, novos conceitos, novas crenças e, conseqüentemente, novas maneiras de nos relacionarmos melhor com as pessoas.

"A mudança é uma característica essencial da vida; onde há vida, há mudança infindável".

Não tenha medo de enfrentar as mudanças, nem de encarar os problemas, pois ambos são temporários, mas o medo tende a aumentar, e um problema temporário pode tornar-se permanente.

Lembre-se de que quanto mais medo você tiver de algo, mais este vai se apresentar à sua frente.

Eva Pierrakos, em *O Caminho da Autotransformação*, diz:

"Quando uma mudança necessária não é aceita de boa vontade, você automaticamente entra em estado de crise.

A intensidade da crise indica a intensidade da oposição, e também a urgência da necessidade de mudança.

Quanto maior a necessidade de mudança e quanto maior a resistência a ela, mais dolorosa é a crise.

48. Do livro *O Caminho da Autotransformação*, Eva Pierrakos, Editora Cultrix.

Quanto mais abertura e disponibilidade houver para a mudança, em qualquer nível, e quanto menos esta for necessária em qualquer momento do caminho evolutivo do indivíduo, menos rígida e sofrida será a crise".

Paz mundial

Que a paz prevaleça no mundo

Você deve ser a mudança que quer ver no mundo.
Viva como se fosse morrer amanhã. Aprenda como se fosse viver para sempre.
Discordar honestamente pode ser um bom sinal de progresso rumo ao entendimento.
A liberdade não tem valor se não incluir a liberdade de cometer erros.
Onde há amor, há vida.
As coisas que podem nos destruir são: política sem princípios, prazer sem consciência, riqueza sem humanidade e adoração religiosa sem sacrifício.
A disciplina, quando não é baseada na não-violência, pode se tornar uma fonte de inúmeros males.
O amor é a força mais sutil que há no mundo.
A força não vem da aptidão física. Ela é o resultado de uma vontade indomável.
A verdade sem humildade torna-se uma caricatura arrogante.
A verdadeira não violência deve ser o resultado de uma completa liberação da raiva, ódio, má vontade. Deve ser um amor compassivo por todos.
Que a paz prevaleça no mundo.

MAHATMA GHANDI

Apelo

Eu suplico que os Anjos do Grande Silêncio venham ao meu encontro; que eles me preencham com a chama de amor de seus corações e que reduzam ao silêncio toda discórdia na superfície da Terra e por onde eu andar.

Eu Sou! Eu Sou! Eu Sou!

Apelo à Paz

Com todo poder e autoridade da Divina Presença Eu Sou, apelo em nome de Mestre Jesus, Elohins Tranquilitas e Pacífica, Paulo, o Veneziano, Mestra Nada, Arcanjos Uriel e Donna Graça e suas Legiões de Anjos da Paz, irradiai, irradiai, irradiai a Paz por toda a Terra até que todos os conflitos sejam extintos.

Reforçai, reforçai, reforçai mil vezes a cada hora esta luz por toda a Terra até que a humanidade possa ficar livre, em paz e sem conflitos.

Eu Sou! Eu Sou! Eu Sou!

Rosário da Mãe Maria – Rainha dos Anjos

(Pela Paz Mundial)

O rosário da Mãe Maria atua como um ímã que atrai a intercessão celestial, conforme passado no livro *Uma Dispensação Especial – do Conselho de Darjeeling da Grande Fraternidade Branca*, divulgado por *Elizabeth Clare Prophet*. Não devemos negligenciá-lo.

"Todo chamado é ouvido, mas de certo modo, é como uma equação matemática.

A forma como o chamado pode ser atendido depende do carma do suplicante, da graça, pureza de coração e outros fatores. O céu espera realmente pelos seus chamados e orações. "Orai sem cessar" é um conceito muito importante".

Estamos num momento em que todos devemos acordar, tornando-nos mais responsáveis e assumindo um compromisso de nos empenharmos melhor, com atitudes dignas e nobres, na construção e manutenção da paz neste planeta, que escolhemos como nossa morada nesta nossa existência. Devemos, portanto, transformar essa nossa moradia, num lar digno, em que o respeito se faz presente em nossa imensa família terrena. Que seja um lar repleto de paz, construído e mantido por todos nós.

Início do Rosário

Ave Maria, cheia de graça
o Senhor é convosco
Bendito é o fruto
do Vosso ventre, Jesus.
Santa Maria, Mãe de Jesus
rogai por nós, filhos e filhas de Deus
agora e na hora da nossa vitória
sobre o pecado, a doença e a morte.
Amém.

Ainda que eu fale a língua dos homens e dos anjos, se não tiver amor, serei como o bronze que soa ou como o címbalo que tine.

Ave Maria, cheia de graça...

Ainda que eu tenha o dom de profetizar e conheça todos os mistérios e toda a ciência, ainda que eu tenha tamanha fé, a ponto de transportar montanhas, se não tiver amor, nada serei.

Ave Maria, cheia de graça...

E ainda que eu distribua todos os meus bens entre os pobres e ainda que entregue meu próprio corpo para ser queimado, se não tiver amor, nada disso se aproveitará.

Ave Maria, cheia de graça...

O amor é paciente, é benigno, o amor não arde em ciúmes, não se vangloria , não se ensoberbece, não se conduz inconvenientemente, não procura seus interesses, não se exaspera, não se ressente do mal; não se alegra com a injustiça, mas se regozija com a verdade. Tudo sofre, tudo crê, tudo espera, tudo suporta.

Ave Maria, cheia de graça...

O amor jamais acaba. Mas, havendo profecias, desaparecerão; havendo línguas, cessarão; havendo ciência, passará. Porque em parte conhecemos e em parte profetizamos. Quando porém vier o que é perfeito, o que então é em parte, será aniquilado.

Ave Maria, cheia de graça...

Quando eu era criança, falava como criança, sentia-me como criança. Quando cheguei a ser adulto, desisti das coisas próprias de criança.

Ave Maria, cheia de graça...

Porque agora vemos como um espelho, obscuramente, e então veremos face a face; agora conheço em parte, e então conhecerei como sou conhecido.

Agora, pois, permanecem a Fé, a Esperança e o Amor. Destes três, porém, o maior deles é o amor.

• • • • • •

Ao partirmos, ou seja, quando formos embora daqui, a maior fortuna que levaremos conosco será o acúmulo de amor que doamos abnegadamente aos nossos semelhantes – irmãos espirituais que aqui também estão vivenciando esta experiência humana. Lembrando que cada um de nós é igualmente importante, independentemente do plano de vida de cada um. Tornar a Terra um planeta saudável e mais habitável está nas mãos de toda a humanidade. Cabe a nós viver, exalar e expandir o sentimento de amor em cada relacionamento, no qual cada pessoa é uma peça-chave no plano divino.

"O aprendizado nunca cessa, e nunca é tarde para começar".

Paz com a família

(Fazer as 4ª feiras, ao meio-dia)

Pai Nosso que estais no céu,
mandai a todos
o Vosso Anjo da Paz;
para a nossa família e amigos,
o Anjo do Amor.

Devemos nos concientizar de que a paz que tanto almejamos não surgirá de outro ponto a não ser de nós. É importante que cada um de nós faça sua parte, vamos então nos empenhar amorosamente em nosso propósito maior, a paz mundial. Essa paz tão aguardada por mim, por você, por todos que fazem parte da humanidade. Sem o nosso esforço e o nosso empenho amoroso ela se distanciará cada vez mais de nós.

Somos os únicos responsáveis pelo mundo em que vivemos. Nós criamos nossa realidade, então vamos investir no amor, na fé e na esperança de que muito em breve estaremos vivendo em plena Paz.

"O sentimento de amor deve ser uma constância a cada dia, a cada instante da nossa vida".

A chegada de um anjo, um sonho realizado

"Quando um anjo participa de sua vida, você passa a ver claramente todas as direções que deve seguir".

Todos os nossos sonhos podem ser realizados, mas é muito importante que passemos a acreditar na sua realização.

Sonhar faz bem e nesse mundo mágico o que acreditamos ser impossível torna-se possível.

Cada um de nossos sonhos tem sua razão e muitos deles podem se tornar uma grande realidade em nossas vidas. Precisamos apenas acreditar.

Numa noite tive um sonho, o sonho mais lindo da minha vida.

Um anjo chegou e me deu um lindo sorriso, o mais lindo que já vi. Conversamos sobre tudo, me abri, me expus, me revelei da forma mais pura e cristalina.

Dele pouco sei.

De tudo que conversamos, de tudo que houve nesse encontro, o que mais me marcou foi a certeza dele em minha vida, da história que ainda vai continuar.

Esse anjo veio ao meu encontro e deixou sua luz nas minhas células, no meu coração, no meu semblante, em todo meu ser...

Sua luz passou a iluminar meus caminhos, dias, horas,

minutos, segundos, enfim, toda a minha vida.

Na nossa despedida, dele recebi o abraço mais caloroso e amoroso de toda a minha vida. Senti sua partida e nessa despedida vi a importância dele em minha vida, quanto a sua luz é importante e significativa para mim.

Tive a certeza de que num futuro muito próximo ele voltará, muito em breve ele estará junto de mim.

Amanheceu e eu continuava a procurá-lo. Em minhas buscas não o encontrei. Sei que logo se dará o reencontro, pois muitos caminhos temos a trilhar. Sua luz me é necessária para o cumprimento da minha missão.

Guardo na lembrança o sonho mais lindo que me trouxe a realidade da minha existência.

De onde ele veio, de que mundo é, onde ele está eu não sei, mas sei que faz parte da minha vida e do meu plano divino. No entanto, sua luz continua a me iluminar enquanto caminho para os meus deveres terrenos.

Sinto sua falta, sua ausência me incomoda, o espaço vazio ficou preenchido por uma enorme solidão, mas sua luz é mais forte, tem o poder de iluminar meu coração, dando-me força para seguir a minha trajetória até o reencontro surgir.

Desse sonho tão lindo que Deus me permitiu viver como algo real, possa este anjo voltar e permanecer a meu lado, pois assim poderei reviver o sonho e transformá-lo em realidade – minha real felicidade.

Durante o dia, sentada num jardim, olhei para uma escada, onde pessoas desciam e subiam velozmente, como que correndo de algo ou buscando por algo e, ao pensar em meu anjo, me veio o seguinte:

"No meio da escada eu aguardo o veredicto da minha missão, não fujo do que me está predestinado a viver.

Não vou fugir do meu destino, vou sim assumi-lo, pois a covardia e a fuga só vão atrasar a glória e a vitória que me estão a caminho.

E que logo eu possa consciente e corajosamente dizer: "Vitória, sempre vitória!"

Esse anjo era o que faltava eu encontrar para que este livro pudesse ser finalizado. Deus concedeu-me esta bênção, aumentou minha fé e fortaleceu minha crença de que nada é por acaso, que tudo nos vem por merecimento. Como este livro, iniciado em 1995 e finalizado somente agora, em 2004. Provavelmente, este é o seu momento, como este sonho foi de todos os meus momentos, o mais importante que me aconteceu, pois vi que não estou só, as hipóteses se foram e ficou a certeza de que este anjo me acompanha há milhares de vidas.

Acredite, seu sonho também pode se tornar realidade. Invista mais neles. Eu investi e acabei encontrando a peça-chave do meu plano divino.

Obrigado, meu anjo!

Venha trazer sua luz para que juntos possamos iluminar os corações de todos que encontrarmos, pois somos companheiros de jornada, nas emoções e razões dos nossos relacionamentos.

Finalização

"Acredite! Você merece o que há de melhor na vida".

Aqui finalizo mais um trabalho com o propósito de beneficiar alguém de alguma maneira. Que este livro possa despertar em você a vontade de viver bem com as pessoas que lhe são próximas ou distantes.

Não me importa, se eu conseguir passar minha mensagem a um milhão, a mil, ou a dez, se eu conseguir ajudar apenas uma pessoa, já me dou por satisfeita, pois de algum modo meu esforço valeu. Essa pessoa também fará seu trabalho passando para outra e, assim obteremos o resultado tão almejado. Enfim, que seja feita a vontade de Deus e não a minha.

Lembrando-lhe mais uma vez que não sou nenhuma *expert* nesse campo tão amplo de hipóteses e possibilidades, vasto em divergências de opiniões, visões e reações. E que nenhuma pessoa possui bagagem suficiente para falar com autoridade sobre um assunto tão único e pessoal. Na teoria tudo é muito fácil, mas na prática não é tão fácil quanto parece.

Relacionar-se é algo difícil, provavelmente o maior desafio que temos como seres humanos. Mas devemos sempre nos lembrar que todos os nossos erros são válidos, pois por meio de cada um aumentamos a margem de nossos acertos. De nada adiantará lamentar os erros já praticados. É preciso ter humildade para reconhecer o erro, coragem e muita vontade para corrigi-lo. O orgulho nada nos acrescenta, somente nos afasta do bom convívio com as pessoas e dificulta nossos relacionamentos.

Saiba perdoar as pessoas que o machucaram, mas, principalmente, perdoe a si mesmo por ter tomado caminhos errados que o distanciaram de pessoas de suma importância em sua vida. Aprenda a agradecer por tudo que lhe acontece e por todas as pessoas que conhece. Seja grato por tudo, pelas coisas boas e ruins que lhe acontecem, pois tudo tem sua razão. Esteja ciente que tudo ocorre de acordo com seu merecimento e em seu devido tempo.

A sua vida lhe pertence, portanto, cabe somente a você vivê-la, mas também cabe a você aprender a se relacionar melhor com as pessoas, para que você possa viver melhor sua própria vida.

Tudo nesta vida é passageiro, tudo passa, de nada adianta dificultar a sua passagem nessa existência terrena.

(49) Nem sempre o caminho mais fácil é o mais indicado a percorrer. Muitas vezes, é preciso se perder para se encontrar. O melhor caminho é sempre aquele que nos leva ao encontro com a lição que temos que aprender. Nem todos os caminhos são iguais, uns são retos e claros, outros, tortuosos e escuros, mas cada qual terá que ser percorrido, de acordo com a lição a ser aprendida. Podemos nos cruzar em nossas trajetórias, mas jamais nos desviar do ponto onde temos que chegar. Cada estrada traz um conhecimento, e cada um a lapidação para o nosso crescimento.

Você é um viajante solitário pela estrada que tem a percorrer. Não será você, que determinará quem deve ir ou levar com você nessa viagem de autodescoberta, onde existe uma única passagem, que é sua e está em suas mãos. É hora de pôr o pé na estrada e caminhar, sem medo, sem receio e sem pressa, de chegar onde quer e deve chegar. Adiar pode ser prejudicial e, com certeza, pode lhe causar arrependimento. Nunca deixe para amanhã o que

49. Extraído do livro *Mensagens, Conselhos e Rituais de* Anngela Marcondes Jabor, Editora Mystic.

você pode fazer hoje.

Hoje, você está vivendo suas escolhas de ontem. Amanhã, viverá suas escolhas feitas hoje.

Lembre-se de que, em toda escolha, não deve existir vacilo ou adiamento, principalmente se for por uma boa causa, a sua felicidade.

Que pelo menos uma única palavra deste livro possa se tornar uma chave em suas mãos e que esta possa lhe abrir novos horizontes na construção de bons relacionamentos.

Procurei transmitir ou passar em cada página um pouco de tudo que aprendi com minhas próprias experiências e também com as experiências de outras pessoas que de algum modo chegavam a mim.

Tudo que aqui se encontra foi baseado no sentimento de amor, na vontade da crescente melhoria nos relacionamentos, enfim, saiu do meu coração, do fundo de minha alma, pois meu maior desejo é ver todas as pessoas bem, de bem com a vida, de bem com todos.

Lembrando que para isso é preciso anularmos por completo ou pelo menos diminuirmos a força do nosso ego, deixando nosso coração agir mais amorosamente diante dos fatos e das pessoas.

Precisamos de alguma maneira conscientizarmo-nos de que está mais que na hora de promovermos curas em nós e em todos os nossos relacionamentos. Precisamos acordar e trabalharmos com esperança e fé para a concretização deste tão almejado sonho, que não é somente meu, mas de todos nós que queremos ver e viver uma realidade mais benéfica da que nos habituamos a ver e a conviver. Precisamos urgentemente colaborar para um mundo repleto de paz e harmonia, baseado na união de todos, alicerçado no amor - a energia mais poderosa existente e tão ausente nos corações e relacionamentos existentes.

Se cada um de nós fizer a sua parte, o resultado desta somatória só irá nos beneficiar.

(50) *"Estou chamando vocês ao amor... Hoje os convido a corrigir seus corações... Purifiquem seus corações por meio do amor... No poder do amor vocês podem fazer coisas que lhes pareceriam impossíveis de serem realizadas".*
MARIA, MEDJUGORE

Que Deus nos abençoe em nossas escolhas e ilumine os nossos caminhos na construção de bons relacionamentos e ao encontro da paz!

Um abraço carinhoso
da amiga
Anngela Marcondes Jabor

50. Do livro *As Profecias de Saint Germain para o Novo Milênio*, Elizabeth Clare Prophet, Nova Era.

Bibliografia

- *A Busca da Unidade com a Chama Gêmea,* Elizabeth Clare Prophet, Século XXI, 1994.
- *A Educação e o Significado da Vida,* Krishnamurti, Cultrix, 1993.
- *A Filosofia Oculta do Amor e do Matrimônio,* Dion Fortune, Pensamento.
- *A Magia do Eu Posso – Como Despertar a Força que Move Montanhas e Aprender a Viver uma Vida Plena de Harmonia e Beleza,* Élcio Souto e Sandra Meirelles, Editora Mystic, 2002.
- *A Senda dos Anjos,* Anngela Marcondes Jabor, Editora Mystic, 1997.
- *Almas Companheiras e Chamas Gêmeas – A Dimensão Espiritual do Amor e dos Relacionamentos,* Elizabeth Clare Prophet, Nova Era, 2002.
- *Almas Gêmeas – Eterno Masculino/ Eterno Feminino: O Fim da Solidão,* Patricia Joudry e Maurie D. Pressman, M.D., Mandarim, 1996.
- *Almas Gêmeas – O Encontro e a Busca,* Dulce Regina, 1995.
- *Almas Gêmeas em Busca da Luz,* Dulce Regina, 1997.
- *Aos Pés do Mestre, Krishnamurti (Alcione),* Pensamento, 1997.
- *Como Encontrar sua Alma Gêmea,* Michael, Pensamento, 1995.
- *Conquistando o Amor com a Astrologia,* Carole Golder, Ágora, 1995.
- *Criando União – O significado Espiritual dos Relacionamentos,* Eva Pierrakos / Judith Saly, Cultrix, 1996.
- *Endoísmo – Uma Filosofia de Vida que Fala de uma Grande Paixão; o Amor de Deus pela Humanidade e da Humanidade pelas Coisas Sagradas,* Élcio Souto, Editora Mystic.

- *Energias e Magias,* Anngela Marcondes Jabor, Editora Mystic, 1997.
- *Enigma da Vida,* Annie Besant, Pensamento, 1994
- *Feitos um para o Outro – Almas Gêmeas na Ficção e na Vida Real,* Thomas Ulrich, Editora Pensamento, 2000.
- *Karma - A Origem da Dor,* Celina Fioravante, Pensamento, 1996.
- *Meditações para Curar sua Vida,* Louise L. Hay, Editora Best Seller.
- *Meditações para Despertar o Deus Interior,* Sandra Meirelles, Editora Mystic, 2002.
- *Mensagens, Conselhos e Rituais Angelicais,* Anngela Marcondes Jabor, Editora Mystic, 2002.
- *O Caminho da Autotransformação,* Eva Pierrakos, Cultrix, 1996.
- *O Caminho para o Amor - Renovando o Poder do Espírito em sua Vida,* Deepak Chopra, Rocco, 1998.
- *Os Ensinamentos Ocultos de Jesus 1, Textos Perdidos: Karma e Reencarnação,* Mark L. Prophet e Elizabeth Clare Prophet, Nova Era, 1997.
- *Os Ensinamentos Ocultos de Jesus 2, Mistérios do Eu Superior,* Mark L. Prophet / Elizabeth Clare Prophet, Nova Era, 1997.
- *Que São Almas Gêmeas?,* Thomas Moore, Ediouro, 1996.
- *Salmos Angelicais,* Anngela Marcondes Jabor, Editora Mystic,1996.
- *Sem medo de vencer,* Roberto Shinyashiki, Editora Gente, 1993.
- *Só o Amor É Real,* Brian L. Weiss, M.D, Salamandra, 1996.
- *Sobre Relacionamentos,* Krishnamurti, Cultrix, 1995.
- *SOS dos Anjos Guardiães e Cabalísticos,* Anngela Marcondes Jabor, Editora Mystic, 1997.
- *Um Curso em Milagres,* Foundation For Inner Peace, Editora Abalone Ltda.
- *Vozes no Jardim da Alma – Aprendendo a Amar pela Essência do Amor,* Élcio Souto, Editora Mystic, 2002.

Obras da Autora

Anjos Guardiães e Cabalísticos
(12ª edição)

O 1º a mostrar e esclarecer a diferença entre Anjos da Guarda e Anjos Cabalísticos. Uma obra que tem o firme propósito de fazer com que o leitor se volte mais para seu Anjo da Guarda e receba, com gratidão, o reforço e o auxílio dos Anjos Cabalísticos, em seus pedidos mais específicos. Considerado por muitos como o livro que promove milagres . Nele você conhece um pouco mais as pessoas de acordo com o dia em que elas nasceram e pelo anjo que as protege. Aprenderá a fazer o Círculo Mágico dos Arcanjos, um ritual que se faz durante uma semana, de preferência no início de cada mês, para que ocorra beneficamente em sua vida. E muito mais para que você possa ter uma vida mais satisfatória e feliz.

Invocações aos Anjos Cabalísticos

Este livro ensina o leitor a invocar os anjos. Com a invocação correta é muito mais fácil obter auxílio dos anjos na transformação e melhoria da própria vida. Seu conteúdo contém dicas valiosas como :

– Como saber quando se está sob a influência de um gênio contrário e como fazer para afastá-lo.

– Meditação para você fazer sua ligação direta com o anjo.

– Rituais diversos com os 72 anjos cabalísticos.
E muito mais que vale a pena conferir.

Mensagens, Conselhos e Rituais Angelicais

Neste livro de linguagem clara e objetiva, de fácil manuseio, o leitor encontrará a resposta que tanto busca como também a solução que há tempos vem procurando. Em seu conteúdo existe sugestões e conselhos, mensagens diversas e inúmeros rituais como:

– Para eliminar a depressão
– Encontrar objetos perdidos
– Aumentar as vendas
– Eliminar vícios
– Conseguir emprego e muito mais.

Viva feliz! A chave está em suas mãos!

A Senda dos Anjos
(5ª edição)

O caminho que o levará aos seres iluminados! Ao mais alto vôo ao encontro da sua busca, seja esta qual for. Um livro que fala dos Anjos Guardiães, dos Anjos Cabalísticos, dos Anjos Pessoais, dos Arcanjos e dos Mestres Ascensos. Do Planeta Terra e da Nova Era. Mostra as características de uma pessoa de acordo com o Raio que ela pertence. Ensina rituais com todos os seres aqui mencionados, dentro de toda hierarquia celestial. Além de inúmeras orações e preces, apelos diversos.

Energias e Magias
(10ª edição)

Desde que o mundo é mundo, somos envolvidos por energias e magias. Dois temas extremamente importantes que se englobam num único tema: "A magia da energia do ser". Positivas ou negativas, as energias estão aí, em nós, em tudo e em todos os lugares. Se somos envolvidos, diariamente, por elas, precisamos aprender a transformá-las e mantê-las sempre positivas, em prol de todos, inclusive de nós mesmos. Com este livro, por meio dos mantras, afirmações, orações, salmos, harmonização dos chacras, uso dos florais, conhecimento dos sonhos, interpretações e mensagens, banhos, purificação externa, rituais, invocações e magias com os anjos e os elementais, sua energia será intensificada, proporcionando-lhe um bem-estar maior, o que resultará numa vida melhor. Acredite: *"A maior energia que existe, é impulsionada pela energia do ser".*

A Magia das Energias – no dia-a-dia
(3ª edição)

A magia está presente em todos os momentos do nosso dia-a-dia. Admitindo ou não, somos magos em potencial. Magia é o poder que temos de transformar realidades. Magia é energia e tudo em nossa vida é gerado por energias. Nada existe isoladamente, tudo está interligado. Tudo que existe ou venha a existir está em nós. O universo é uma extensão de nós. Somos manifestações de pura energia, infinita e eterna. *A Magia das Energias, no Dia-a-dia,* é um livro que você deve ter sempre em suas mãos, pois ele traz tudo o que você precisa para ter uma vida melhor.

Magias para Encantar no Mundo Mágico em que Vivemos

Um livro que traz rituais fáceis e práticos que irão beneficiar a você e a tantas outras pessoas que necessitam do seu auxílio. Funciona como um manual, com soluções imediatas para sua vida vida nas mais diversas situações.

Basta apenas seguir as dicas que nele se encontram e acreditar na sua capacidade de realização. Viver é magia e aqui existem magias para o bem-viver. Com certeza ele se tornará o seu companheiro diário e promoverá as mais belas magias no seu dia-a-dia, em todos os aspectos da sua vida.

O Caminho em Busca da Luz
(2ª edição)

Todas as pessoas têm períodos em suas vidas que são marcados por adversidades. E, nestes, muitos se perdem no desespero, vagam em busca de algo que, de imediato, solucione os problemas que tanto os afligem. Procuram por um milagre instântaneo, mas não percebem que apenas uma palavra ou uma pequena frase pode vir a ser a chave de que tanto necessitam para solucionar seus problemas e abrir seus caminhos. Por essa razão, *Caminho em Busca da Luz* tem o propósito não somente de ser a chave que você tanto procura, mas de ser o seu guia – o companheiro de todas as horas. Veja algumas das frases extraídas do livro:

"Os dias prósperos não vêm por acaso, nascem demuita fadiga e persistência". - Henry Ford

"Um dia sem sorriso é um dia perdido". - Charles Chaplin

"Nada existe de bom ou de mau, senão os pensamentos que fazem as coisas assim parecerem". - Shakespeare

Basta abrir uma página deste livro e você terá a frase que vai lhe trazer a mensagem que tanto aguarda.

Na Luz dos Anjos

Neste mundo tão escuro, não há nada mais gratificante que poder caminhar *Na Luz dos Anjos*. O propósito deste livro é iluminar os corações que se escureceram com tantas tristezas já vividas e presenciadas. De fácil manuseio, ele o fará refletir em muitos momentos da sua vida. Com uma única frase ou mensagem, lhe apontará uma luz. A luz que tanto deseja encontrar no seu caminho. Embarque nessa viagem e encontre sua estrada *Na Luz dos Anjos*. *"Porque aos seus anjos dará ordem a teu respeito, para te guardarem em todos os teus caminhos"*. Salmo 91,11.

Tarô, Instrumento de Auto-Ajuda
(4ª edição)

Este livro tem como objetivo maior facilitar o acesso do leitor ao Tarô. Escrito de maneira simples e objetiva, dedicada a leigos e pessoas com dificuldades de entender sua linguagem. Uma obra fácil de ser estudada e consultada a qualquer momento. Considerada pelos leitores como a melhor no Brasil. Muitos tarólogos se iniciaram por meio desse livro e muitos autores da área o citam em seus livros, em obras consultadas. Um livro importantíssimo para quem deseja se aprofundar no mundo encantado do tarô.

Tarô A Solução Atual - (com 22 Arcanos Maiores)
(3ª edição)

Numa época onde as pessoas buscam a cada dia, inúmeras alternativas para encontrar as respostas para os seus problemas e aliviar os seus tormentos, não tenha dúvidas que este lhe trará a solução. De linguagem clara e simples, fácil de ser entendida por todos a qualquer momento, o leitor aqui encontrará esclarecimentos, conselhos e afirmações que facilitarão o seu dia-a-dia, ajudando-o a solucionar a maioria dos seus problemas sem ter que depender de outros meios. Lembre-se: *"Quando você estiver em harmonia com seu EU, você estará em harmonia com o todo que lhe cerca"*.

Minhas Preces e Orações Prediletas
(3ª edição)

Um trabalho dirigido a todas as pessoas, independentemente de seus credos. Baseado no propósito maior de união, esse livro reúne várias preces, orações, apelos, invocações de várias religiões, crenças, doutrinas e filosofias que divergem em muitos aspectos, mas que seguem o mesmo objetivo – a união com Deus. Uma belíssima obra que traz alívio, conforto e grande auxílio nos momentos difíceis da sua vida.

Salmos Angelicais
(9ª edição)

Este livro sem sombra de dúvida é um belíssimo trabalho. De linguagem clara e objetiva, acessível ao coração e de fácil compreensão. São 150 salmos transformados em ricas orações para cada momento ou situação. Reconfortante! Um maravilhoso auxílio!

Basta obtê-lo e crer para ver!

Orações aos Anjos e Arcanjos Bênçãos dos Ceús para as Nossas Vidas
(3ª edição)

Um livro repleto de orações específicas para anjos e arcanjos, úteis e benéficas para todos os momentos. Com este sua vida não será a mesma, surpresas agradáveis irão surgir a cada instante, suas esperanças serão aumentadas e sua fé fortalecida. Os anjos e arcanjos vão vir e preencher sua vida de boas novas, alegrias infinitas. Adquira-o e verá maravilhas acontecer no seu dia-a-dia.

SOS dos Anjos Guardiães e Cabalísticos
(7ª edição)

Atualmente, um livro muito procurado pelos leitores, pois em seu conteúdo há rituais com os 72 anjos cabalísticos e outros mais, de acordo com a sua necessidade momentânea. Alguns dos temas abordados no livro:

- Usando melhor o poder das palavras
- A presença da magia no seu dia-a-dia
- A importância de sua ação
- Transformações necessárias
- As flores e plantas dos arcanjos e anjos cabalísticos
- Os incensos dos arcanjos e anjos cabalísticos
- Os salmos dos arcanjos e anjos cabalísticos
- Pedras e cristais
- Tudo sobre velas
- Pantáculos
- Banhos

Inúmeros rituais e muito mais que você tanto deseja saber sobre anjos.

Para que se preocupar, se você pode orar?
(2ª edição)

A oração é um recurso poderoso que temos, para diminuir as forças do mal no mundo. Além de obtermos cura física, mental, emocional e espiritual, consequentemente, cura no nível material, como exemplo, a cura financeira. Podemos também através das nossas orações, curarmos relacionamentos: afetivo, conjugal, familiar, de amizades, profissionais e financeiros.

Ou seja, uma simples oração, desde que feita com o coração, pode nos devolver o riso e a vontade de viver.

Pensando assim, a autora nos presenteou com este

belíssimo trabalho, onde reuniu várias orações, preces, apelos, decretos... das mais variadas religiões, filosofia de vida e de pessoas altamente iluminadas que dedicam amorosamente seu tempo em prol da humanidade.

Sábias Palavras de Grandes Mestres
(lançamento)

Oráculo do Mestre Interior
(lançamento)

Salmos Angelicais - *(Edição de bolso)*
(lançamento)

SOS Coração
(lançamento)

Livros editados pela Mystic

Magia do Eu Posso

Élcio Souto / Sandra Meirelles

Acorde! É tempo de despertar!

Ainda há tempo para você despertar da letargia, do sono, da indolência, do fracasso, da tristeza, da amargura. Levante-se já! O dia está amanhecendo e o sol surge por detrás da grande montanha, trazendo seus raios de luz, vida, força, beleza e amor. Não espere nem mais um minuto, porque a partir de hoje você poderá mudar a sua vida por meio da Presença Divina do EU POSSO, que fala com você lá das profundezas de sua mente, oferecendo uma nova chance para recuperar o tempo perdido e mostrar um novo caminho. Este livro ensina o leitor a meditar e traz inúmeras meditações para:

- Acabar com a solidão
- Dominar o medo
- Afastar a tristeza
- Desenvolver a intuição
- Superar a falta de vontade
- Ouvir a voz do Mestre

Meditações para Despertar o Deus Interior

Sandra Meirelles

Um livro repleto de exercícios, mantras, visualizações e meditações diversas com os arcanos maiores do Tarô que ajudarão o leitor refletir no seu dia-a-dia, a resolver seus problemas de relacionamentos pessoais, familiares, afetivos e profissionais. Também o auxiliará nas curas física, mental, emocional, psíquica, espiritual e financeira. Uma verdadeira viagem para despertar o seu Deus Interior.

Vozes no Jardim da Alma

Élcio Souto

O mundo em que vivemos não passa de uma grande ilusão criada por nossos próprios pensamentos, e, portanto, muda a cada santo dia. O que foi ontem, hoje não vale mais; o presente é hoje, a semente que germinará amanhã. É bonito, é estimulante, mas também é trágico quando visto apenas sob os olhos da mente finita. Muitos portões que delimitam as fronteiras da nossa existência não passam de prisões criadas e impostas pela nossa própria mente. Na verdade, nunca foram portões de acesso a nada, exceto em nossas imaginações. Palavras podem ser significativas, mas jamais expressam tudo aquilo que o coração sente. Neste livro, o autor retrata a magia do amor eterno, fala da união de almas gêmeas, ensinando cada um a respeitar o caminho do amor quando o encontrar.

MysticNews

Informativo sobre os produtos da Editora Mystic

Receba gratuitamente o Informativo Mystic News com todos lançamentos e novidades da Editora Mystic. Basta preencher o cadastro abaixo e enviar para: Caixa Postal 157 – CEP 13012-980 – Campinas – SP ou faça seu cadastro pelo e-mail: mystic@mysticeditora.com.br visite nossa página: www.mysticeditora.com.br

nome: ....

endereço: ....

apto/casa: .... bairro: ....

cep: .... cidade: ....estado: ....

ddd/fone: (   )................................... ddd/fax: (   )......................................

e-mail: ....

você compra livros: (   ) livrarias (   ) feiras (   ) internet (   ) telefone

(   ) reembolso postal (   ) outros ....

quais os tipos de livros que você lê: (   ) pedagogia (   ) romances (   ) saúde

(   ) espíritas (   ) esotéricos (   ) religiosos (   ) outros ....

se desejar faça seu comentário sobre este trabalho

....

....

....

....

....

....

....

....

....

....

....

Companheiros de Jornada – 1ª edição – junho de 2004

Para saber mais sobre os nossos títulos e autores, ou para enviar seus comentários sobre este livro, visite nosso site:

www.mysticeditora.com.br

provo
(011) 4178 05 22
provografica.com.br